KB273140

왕국과 정원

왕국과 정원

조르조 아감벤

윤병언 옮김

Critica

1. 원만한 독서를 위해 라틴어나 이탈리아 고어로 쓰인 인용문들은 대부분 병기 대신 미주로 처리했다. 아감벤이 신학자들의 라틴어 문장을 이탈리아어로 옮기지 않고 직접 인용하는 경우, 혹은 이탈리아어로 옮겨 적고 라틴어를 병기하는 경우 모두 한국어로 옮긴 뒤 라틴어 원문을 미주로 옮겨 실었다. 반면에 짤막한 라틴어나 그리스어 문구들의 참조가 본문을 이해하는 데 필수적이거나 유익하다고 판단되는 경우에는 원어 문구를 괄호에 넣어 병기했다. 원어 및 번역 문구들 중에서 주목해야 할 핵심용어는 밑줄로 표시했다. 저자가 인용하는 『신곡』의 구절들도 원문은 대부분 미주로 옮겨 실었다.

2. 저자가 본문에서 밝히는 인용문의 출처는 저서 제목을 그대로 옮겼지만 특정 저자의 저서가 한 권만 인용된 경우에는 원서에서처럼 저자명만 원어로 표시하고 페이지 수나 권, 장, 문단번호를 기입했다. 이 경우에 구체적인 서지정보는 참고문헌에서 확인할 수 있다. 같은 저서가 연이어 인용되는 경우에는 페이지 수나 문단번호만 표기했다.

3. 본문 속의 각주는 모두 옮긴이 주다.

4. 본문 속의 [ ]은 옮긴이 첨언이다.

5. 참고문헌에서 'trad. it.'는 '이탈리아어 번역본'을, 'a cura di'는 '감수'를 뜻한다.

왕국과 정원

핵심 용어의 의미와 번역에 대하여

Regno를 '왕국'으로 옮겼다. 이탈리아어 Regno의 어원인 그리스어 Basileia는 기본적으로 왕권, 왕의 존엄성, 왕권이 행사되는 영토를 모두 의미한다. 저자는 이 용어를 언제나 성서적이고 유대-그리스도교적인 맥락에서 사용한다. 이 책에서는 물론 저자의 『왕국과 영광Il Regno e la Gloria』을 비롯한 여러 저서에서도 '왕국'은 성서에 언급되는 '신의 왕국(he basileia tou Theou)', 즉 예수가 선포했던 '하느님/하나님의 나라'를 가리킨다. 저자는 이 용어를 매번 '신이 통치하는 이상적인 나라'의 의미로 사용한다. 이 단어가 원문에서 언제나 대문자로 표기되는 것도 바로 이 때문이다.

Giardino를 '정원'으로, Paradiso를 '낙원'으로 옮겼다. '정원'은 우리가 '낙원'이란 이름으로 알고 있는 장소의 원래 의미다. 이 책에서 '정원'은 '낙원'의 시원적인 동시에 궁극적인 의미를 복원하기 위해 사용된다. '정원'이 '낙원'으로 변하고 여기에 '하늘'이라는 수식어가 붙으면서 '천국'으로 변하게 되는 과정을 저자가 계보학적으로 파헤치며 복원하는 '정원'의 원래 의미는 '지상낙원'이다.

Chiesa를 '교회'로 옮겼다. 여기서 이 용어는 단순히 개신교 교회나 가톨릭 성당을 가리키는 예배당 이름의 의미로 쓰이지 않으며 변화무쌍한 역사의 상당히 광범위한 의미 영역에서 이 용어가 가리켜온 그리스도교 종교기관의 의미로 쓰인다. 이 책에서 교회가 교리와 거의 동일시되는 것도 이 때문이다.

본문에 인용된 성경 구절들은 한국어 성경과 미세한 차이를 보일 경우 이탈리아어와 라틴어 원문을 기준으로 옮겼다. 이는 무엇보다도 신학의 역사에서 변형된 관점과 의미들을 계보학적으로 추적하는 것이 저자의 의도이자 목표인 만큼 의미의 차이가 오히려 분명히 드러나야만 책의 내용과 맥락을 파악하는 것이 가능해지기 때문이다.

『신곡』의 세 번째 책 「Paradiso」는 '천국'으로 옮기는 관례를 따르지 않고 '낙원'으로 옮겼다. 이는 paradiso에 '하늘나라'라는 뜻이 없기 때문이기도 하지만 무엇보다도, '천국'으로 변한 '낙원'의 이미지에서 다름 아닌 '천상의' 요소들을 도려내 '지상낙원'으로 복원시키려는 것이 저자의 의도이고 단테 역시 paradiso를 본질적으로는 '지상낙원'으로 이해했기 때문이다.

캉디드가 답하기를, 옳은 말씀입니다만,
우리는 우리의 정원을 가꾸어야 합니다.

Cela est bien dit, répondit Candide,
mais il faut cultiver notre jardin.

1. 희락의 정원

1. 희락의 정원

1.1. 1947년, 네덜란드 학술지 카스트룸 페레그리니Castrum Peregrini를 중심으로 활동하던 독일 학자 빌헬름 프랭거Wilhelm Fraenger는 프라도 미술관에 소장되어 있는 히에로니무스 보쉬의 회화 작품 <희락의 정원>에 대한 새로운 해석을 발표했다. 프랭거에 따르면, 이 수수께끼 같은 삼면화의 의미는 이 작품의 기반이 된 신학적 맥락으로 환원되어야만 분명해진다. 이 맥락이란 보쉬에게 영감을 주며 작품을 의뢰했던 야콥 판 알맨힌Jacob van Almaengien이 다름 아닌 이단적인 성격의 지식인 단체 '자유정신Libero Spirito 형제단' 소속이었다는 사실이다. 이 형제단의 일원들은 정신의 완성이 **왕국**의 도래 및 에덴이라는 지상낙

원에서 인간이 누리던 무고함의 복원과 일치한다고
가르쳤다. 프랭거는 이 삼면화의 형상들을 세심히 분
석한 뒤 이런 결론을 내린다.

정신의 왕국이 복원되고 영원한 복음(evangelium
aeternum)이 살과 피가 되었다. 수많은 인간이 눈을
뜨고 왕국을 실현하며 낙원의 무고한 상태로 지상에
서 살아간다… 자유로운 정신의 제자들은 고스란히
신에게 헌정된 자신들의 헌신적인 삶과 공동체를 흔
히 **낙원**Paradiso이라 부른다. 이 '낙원'이라는 말은 이
들에게 곧 '사랑의 정수'를 의미한다. 중앙의 그림에
표현된 **낙원**은 정확하게 이런 의미로 이해해야 한다.
여기서 우리가 감상하는 것은 이상화된 현실, 사실적
인 동시에 신비로우며 지극히 미세한 부분에서도 상
징적인 '오늘'이다. 바로 이러한 즉각적인 성격이 이
삼면화의 구성을 결정짓는다. 만물의 기원을 의미하
는 **에덴**과 시원적인 상황의 미래-유토피아적 복원을
의미하는 **낙원** 사이에는 어떤 연대기적 계승도 단절
도 없다. 여기에는 오히려 동일한 의식 상태의 절대적
인 동시성이 주어질 뿐이다.(Fraenger, p.149~151)

이러한 정황을 고려하면, 프랭거가 논문 도입부에서 전통적인 제목 '희락의 정원'을 '천년 왕국das tausendjährige Reich'이라는 획기적인 제목으로 은근슬쩍—"이제껏 '희락의 정원'이란 이름으로 알려졌던 마드리드의 그림 '천년 왕국'은…"(p.19)이라는 식으로—대체하는 것도 그리 놀라운 일은 아니다. 우리가 결코 소홀히 하지 말아야 할 것은 **왕국**처럼 분명하게 정치-신학적인 주제를 내포하는 이 제목이 이런 식으로 아담의 집 '지상낙원'과 직결된다는 점이다.

우리가 이 책에서 추적하게 될 것이 바로 이 '에덴의 **정원**'이라는 신학적 패러다임의 대략적인 계보다. 신학 분야에서는 처음부터 상당히 중요한 위치를 점해 왔음에도 불구하고, 이 패러다임은 서양 철학에서 집요하게 배제되었다. **왕국**이 상대적으로 경제-삼위일체론적인 측면에서 세속 권력의 형태와 구조에 끊임없이 영향력을 행사해온 반면, **정원**은 고유의 본질적인 정치적 소명에도 불구하고—그러니까 다름 아닌 인간들의 행복한 삶을 위해 에덴에 '심어놓은' 것임에도 불구하고—실제로는 세속 권력에 이질적인 요소로 남아 있었다. 사람들이 '정원'을 모델로 정통적인 것과는 거리가 먼 공동체의 건설을 시도할 때에도 지배층은 매번 이 패러다임의 정치적 개입을 전략적으로 차단해왔다. 하지만 프랭거의 견해에 따르면 **정원**과 **왕국**은 서로 분리될 수 없을 뿐 아니라 오히려 빈번히, 아주 은밀하게 결속되어 있다. 그렇다면 다름 아닌 이 두 패러다임이 수렴되거나 교차되는 지점에 대한 연구는 아마도 권력의 서양사적 지형도를 꽤나 다른 형태로 수정하게 될 것이다.

1.2. 우리에게 상당히 익숙한 '낙원paradiso'이라는 용어의 역사는 한 언어에서 또 다른 언어로 이어진 차용의 변천사에 가깝다. 상황은 마치 어떤 외래어를 무슨 이유에서인지 매번 번역 자체가 불가능하다고 여긴 것처럼, 혹은 무슨 수를 써서라도 뚜렷하게 상응하는 번역어는 피해야 한다는 강박관념에 시달린 것처럼 전개되었다. 크세노폰의 글에 '낙원'의 의미로 처음 등장하는 그리스어 '파라데이소스paradeisos'는 라틴어로도 '파라디수스paradisus'일 뿐 아니라 어원도 아베스타어 '파이리다이자pairidaeza'다. 파이리다이자는 원래 울타리가 있는 대규모의 정원을 가리키는 말이었고, 파이리pairi는 '주변'을, 다이자daeza는 '벽'을 뜻한다. 오늘날 전문 번역가들이―전

공 외국어에 대한 해박한 지식과 자부심 때문이겠지만—이국적인 단어들을 모국어로 번역하는 대신 그대로 음역하는 경우가 종종 있듯이, 크세노폰도 이란어 용어를 이에 상응하며 '정원'을 뜻하는 '케포스kepos'로 옮기는 대신 페르시아 문화에 대한 자신의 박식함을 과시하기 위해 외래어 차용을 선호했을 가능성이 충분히 있다. 하지만 크세노폰은 자신의 이란-그리스어 신조어가 결국에는 그리스도교 신학의 중요한 기술적 용어들 가운데 하나로, 아울러 서양 문화의 가장 알쏭달쏭한 형상들 가운데 하나로 남게 될 숙명에 처해 있었다는 사실을 결코 상상할 수 없었을 것이다. 크세노폰은 일종의 종족-연대기적 소설이었던 『키루스 일대기Cyropaedia』에서 키루스의 할아버지 아스티아게스가 사냥터로 활용하던 커다란 정원을 다름 아닌 '파라데이소스'라고 불렀다. 크세노폰이 전하는 바에 따르면, 왕좌에 오른 뒤 키루스는 그의 속주들에게 '파라데이소스'를 만들어 귀족들이 사냥을 하며 전투훈련을 겸할 수 있게 하라고 명한다. "왜냐하면 사냥을 최상의 전쟁 훈련으로 간주했기 때문이다. 키루스는 궁전에 머물 때마다 그의 파라데이소스에서 야생동물 사냥을 즐겼다."(『키루스

일대기』VIII, 1, 34~38) 물론 이처럼 그리스어로 처음 등장했을 때 '파라데이소스'라는 용어가 사냥 및 전쟁과 연관되어 있었다는 점은 잊지 말아야 하겠지만, 크세노폰은 사실 그리스 문화권에서 상당히 널리 읽힌 그의 또 다른 저서『오이코노미코스Oiconomikos』에서 '파라데이소스'를, 뒤이어 서구적인 형태의 패러다임으로 정착되는 **정원**과 좀 더 유사한 형태로 묘사한다. 키루스가 사르디스에서 스파르타인 리산드로스에게 보여주는 '파라데이소스'는 나무들이 완벽하게 일렬을 유지하며 똑같은 간격으로 심어져 있어서 기하학적 조화를 이루는 정원이다. "산책을 하는 동안, 굉장히 다채롭고 감미로운 향기를 느낀" 리산드로스는 이렇게 말한다. "키루스 전하, 이토록 아름다운 곳이 있다니 정말 놀랍습니다. 하지만 이 모든 것을 설계하고 만드신 분은 더욱더 존경스럽습니다." 키루스는 이렇게 답한다. "이 곳은 바로 내가 설계하고 명령해서 만들었네. 이 가운데 상당수의 나무들을 내가 직접 심었다네."(『오이코노미코스』 4, 20~23)

1.3. 이 용어의 역사에서 가장 결정적이었던 사건은 70인역 성경의 번역자들이, 「창세기」 2장 8장

에서 '정원'을 뜻하며 뒤이어 여덟 번이나 더 등장하는 히브리어 '간gan'을 '파라데이소스'로 옮긴 것이었다. 결과적으로 「창세기」 2장 8절의 문장은 '신이 에덴에 파라데이소스를 창설했다(Kai ephyteusen kyrios ho theos paradeison en Edem)'로 번역되었다. 이러한 선택에 어떤 구체적인 동기가 있었다고 보기는 어렵다. 예를 들어 브렘머Jan N. Bremmer처럼 전적으로 독단적인 판단 하에 「창세기」 3장 23절의 '희락의 정원(paradeisos tes tryphes)'을 프톨레마이오스 왕국의 군주나 공주의 이름 트리폰(tryphon)이나 트리파이나(tryphaina)와 관련지어 설명하려는 시도는(Bremmer, p.53~54) 전적으로 무의미하다. 우리가 확인할 수 있는 것은 그저 이들이 히브리어 '간gan'을 번역할 때 일반적인 차원에서 '정원'을 가리키는 '케포스kepos' 대신 계보학적인 관점에서 어떤 귀족적이고 고귀한 것 또는 물이 흐르고 동물들이 뛰노는 곳과 직결되는―그래야 신이 만든 정원에 더 어울릴 테니―좀 더 특별한 단어를 선호했으리라는 것뿐이다.

여하튼 70인역 성경에서 「창세기」 외에 '파라데이소스'가 등장하는 곳들의 문장을 살펴보면 이 용어의 기능이 상당히 기술적이며 언제나 거의 분명하게 '신의 정원'을 가리킨다는 점이 드러난다. 이러한 특징은 예를 들어 「에스겔」 28장 13절 '온전한 아름다움이 <u>신의 정원</u>의 희락 안에서(en tei tryphei tou paradeisou tou theou)', 「에스겔」 31장 9절 '<u>신의 희락의 정원</u>에 있는(tou paradeisou tes tryphes <u>tou theou</u>) 모든 나무' 같은 표현에서 뚜렷하게 나타난다. 「요엘」 2장 3절의 '그 앞에 있는 땅이 희락의 정원이듯' 같은 구절도 동일한 맥락에서 이해할 수 있고, 「민수기」의 한 문장에서처럼 낙원이 강과 연결되는 경우도 있다. 「창세기」 2장 10~14절에 **에덴**의 물줄기가 4개의 강으로, 즉 비손, 기혼, 티그리스, 유프라테스로 나뉘었다고 기록된 것과 같은 맥락에서, 민수기 24장 6절에서는 '그늘진 숲과 강변의 <u>정원</u> 같아서(... osei paradeisoi epi potamoi)' 라는 표현을 읽을 수 있다. 이하의 두 구절은 '파라데이소스paradeisos'가 '케포스 kepos'와 대조적인 형태로 제시된다는 점에서 특별히 중요하다. 먼저 「이사야」 1장 29~30절 '그들은 그렇게 원했던 자신들의 정원을(epi tois <u>kepois</u> auton) 오히려 부끄러워할 것이다. 나무들은 버려진 상수리나무 같고 물 없는 정원(hos <u>paradeisos</u> hydor me echon) 같을 것이다'에서 '케포스'는 물이 없어도 문제가 되지 않는 일반적인 차원의 정원을 가리키는 반면 '파라데이소스'는 원칙적으로 물이 있어야만 하는 '신의 정원'을 가리킨다. 이 구절 못지않게 의미 있는 단서를 품고 있는 두 번째 예는 「아가」 4장 12~13절이다. '나의 누이, 나의 신부여, 그대는 공개되지 않은 정원(kepos kekleismenos)... 그대의 씨앗은 높은 나무들의 과일과 강이 있는 정원(paradeisos roon)이라오.' 여기서 주목해야 할 것은 '처녀지'를 암시하는 공개되지 않은 정원의 단어가 '케포스'인 반면 정반대로 '풍요'의 이미지를 지닌 희락의 정원은 '파라데이소스'라는 점이다. 「창세기」 2장 9절에는 바로 이 파라데이소스의 과실들이 '보기에 아름다울' 뿐 아니라 '맛도 좋다'라고 기록되어 있다.

1.4. 한편으로는 서기 4세기의 신학자 히에로니무스의 번역도 결코 가볍게 볼 수 없는 사건 가운데 하나다. 히에로니무스는—적어도 외견상으로는 아무런 주저함 없이—히브리어 텍스트의 '에덴'을 Voluptas, 즉 '쾌락'으로 옮겼다. 그리고 자신의 「창세기」 해제에서, 사실상 아무런 연관성이 없는 에비온파 심마코스*의 그리스어 번역본을 유일한 근거로 제

시하며 성급하게 이런 결론을 내린다. "에덴은 쾌락을 의미한다. 바로 그런 이유에서 심마코스는 낙원paradisum을 꽃으로 번역했다."[1](Hieronymus, p.4)

더 놀라운 것은 그가 '신이 에덴의 동쪽에 낙원을 만들었다'[2]는 베투스 라티나**의 텍스트를 독단적으로 변형시켜 '동쪽에ad orientem'를 '태초에a principio'로 옮긴 뒤 자신의 선택을 정당화하기 위해 아퀼라, 에비온파 심마코스, 테오도티온*** 같은 번역가들의 텍스트를 예로 들며 자신의 선택에 신학적 동기를 부여한다는 점이다. 그래서 히에로니무스는 이렇게 말한다. "이상에 비추어 볼 때, 신이 하늘과 땅을 창조하기 전에 낙원을 만들었다는 점은 아주 분명하다."[3]

*
심마코스Symmachos는 서기 2세기의 유대인 번역가이며 히브리어 성서를 그리스어로 옮겼다. 심마코스의 번역본은 일부만 오리게네스의 저서에서 인용문의 형태로 전해진다.

**
베투스 라티나Vetus Latina는 서기 2세기경, 70인역 성경에서 번역된 가장 오래된 라틴어 성서의 이름이다.

***
아퀼라Aquila di Sinope와 테오도티온Theodotion 역시 서기 2~3세기에 그리스 문화권에서 활동한 유대인 번역가들이며 히브리어 성서를 그리스어로 옮겼다.

　　물론 70인역 번역자들이 「창세기」 2장 8절과 10절, 4장 16절에서는 '에덴'을 고유명으로 유지하면서 다른 곳에서는 '희락tryphe'으로 번역했다는—이 역시 설명하기 쉽지 않은—사실이 히에로니무스의 결정에 영향을 끼쳤을 가능성은 배제하기 어렵다. 하지만 라틴 교회의 전통에서 '파라데이소스'는 이런 식으로 일찍부터 '희락'과—즉 불가타* 성서의 「창세기」 2장 10절에 적혀 있는 대로 '쾌락의 장소locus voluptatis'와—분리될 수 없는 개념으로 정착된다. 예를 들어, 단테도—그가 사용하는 '희락의 고향delitiarum patria'[4]이란 표현에서 확인할 수 있듯이—'파라데이소스'를 일종의 '낙원'으로 이해했다. 이 전통적인 관점 안에서, 인간은 쾌락을 위해—게다가 하늘과 땅보다도 먼저 만들어진 쾌락을 위해—창조된 존재였다. 단지 뒤이어 지은 죄 때문에 낙원에서 쫓겨났을 뿐이다.

*

불가타Vulgata는 서기 4~5세기에
옛 라틴어 성경을 개정하기 위해
히에로니무스가 새로 옮긴 라틴어
번역본 성서다.

1.5. 낙원paradiso을 주제로 다룬 초기의 문헌들, 예를 들어 시리아의 에프렘(Ephrem, 306~373) 같은 그리스 교부들이나 암브로시우스(Ambrosius, 340~397) 같은 라틴 교부들의 글은 이 주제가 마치 자신들의 지적 한계를 필연적으로 뛰어넘는 영역에 있다는 듯 언제나 두려움 또는 전율의 토로와 함께 시작된다. 에프렘은 이렇게 말한다. "나는 어떤 이중의 성향으로 양분되어 있다. 한편으로는 낙원의 본질과 특성을 탐색해 깨닫고 싶은 욕망에 사로잡혀 있고 다른 한편으로는 탐구의 난해함과 방대함을 두려워하며 주저한다."(『낙원 에덴에 관하여De paradiso Eden』, I (VI), 2) 그럼에도 불구하고 에프렘의 입장에서 "낙원에 대해 이야기하는 것은 달콤한 일이다."(I (VI), 8) 낙원의 형언 불가능한 성대함을 묘사하는 것도 마찬가지다. 예를 들어 "그곳에선 슬픈 2월의 추위 대신, 하늘의 쾌적한 기온이 겨울의 기세를 누르고 태양의 광채가 번뜩이며 영원한 봄을 알린다."(X (XV), 2) 낙원에서 한 해의 열두 달은 다정다감한 신부에 비유된다. "그곳에서 6월은 마치 4월 같고, 7월의 상큼한 기운은 열기를 식히며 9월은 이슬을 한껏 뿜어낸다."(X (XV), 2) 이곳의 비옥한 땅은 "향료와 향수로 가득한

일종의 미로테카*"(XII (XVII), 1)에 가깝고 그 풍만한 품 안에서는 "일 년 내내 수많은 꽃들이 피어난다."(X (XV), 3)

하지만 중요한 것은 에프렘의 글에서 지상의 낙원이 천상의 낙원과 아직 분리되지 않은 채로 남아 있다는 점이다. 의로운 자가 들어가야 할 곳이 바로 에덴의 정원이기에, 에프렘은 이렇게 말한다. "살아 있는 동안 그대 스스로를 위해 낙원의 열쇠를 만들어라. 낙원의 문이 그대를 갈망하며 그대가 도착하기만을 기다리고 있으니까."(II (VII), 2)

한편으로는 암브로시우스도 이 문제를 전통 수사학의 관점에서 기술적으로 세분화해 "낙원이 무엇인지, 어디에 있으며 어떤 것인지"[5](『낙원에 관하여 De paradiso』 I, 1) 상세히 탐구하려 했지만 사실상 바울도 영적으로만 매료되었을 뿐 설명하지 못한 이 '낙원'이라는 주제 앞에서 영락없이 자신의 "타오르는

---

*

미로테카myrotheca는 문자 그대로 '향료들을 모아두는 장소'를 가리키며 '미로'는 몰약을 뜻하는 '미라 myrra'에서 유래한다.

aestum 고민"을 드러낸다. 이러한 정황은 주교들이 공의회가 열릴 때마다 예외적으로 신의 본질과 삼위일체를 구성하는 세 인격체 간의 관계에 대해서만 논의했기 때문에 인간의 본성과 숙명에 관한 문제를 신학의 중심에서 여백으로 밀어냈다는 사실과 결코 무관하지 않다. 바로 이 여백에서 인간의 본성 혹은 숙명이라는 주제와 지상낙원이라는 주제의 만남이 이루어졌고, 이 만남은 머지않아 아우구스티누스(Augustinus, 354~430)를 통해 '낙원'이 '원죄'의 교리 안에서만 거론되는 상황으로 이어진다.

이러한 흐름은 암브로시우스의 신학에서 분명하게 노출된다. 그는 알렉산드리아의 필론(Philon, BC.20~AD.45)으로부터—아마도 오리게네스(Origenes, 185~253)의 저서를 통해—'낙원'이 영혼의 알레고리에 가깝다고 보는 해석 전통을 유산으로 물려받는다. 암브로시우스에 따르면 "낙원paradisus은 일종의 비옥한 땅이다. 다시 말해 충만한 영혼이며, 쾌락voluptas을 뜻하는 에덴에 심어졌다."[6](III, 12) 필론의 해석을 발전시킨 암브로시우스의 입장에서, 아담과 이브는 각각 영혼의 두 기량, 즉 '지성nous'과 '감성aisthesis'을 가리킨다. 정원을 살리는 생명수의 원천은 그리스도를,

낙원을 가로지르는 네 강은 성직자의 네 가지 미덕*을 가리키는 동시에 신성한 역사의 네 시대를 상징한다. 네 번째 미덕 '정의iustitia'는―모세의 계율 시대에 뒤따르는―복음서의 시대에 상응한다. 암브로시우스에 따르면, 이 네 번째 시대가 가장 중요한 이유는 "'정의'보다 인류를 더 행복하게 하는 것은 없기"[7](III, 18) 때문이다.

복음서는 "'정의'의 한 형상이다. 모든 신자의 구원을 실현하는 미덕이 바로 '정의'이기 때문이다."(III, 22) 그리고 신이 "창조했을 때 땅에 머물던" 인간을 낙원에 들인 이유는 "그가 그런 식으로 신성한 정신의 미덕을 선사받았다는 사실에 눈을 뜰 수 있었기"(IV, 24) 때문이다. 결과적으로 암브로시우스는 「창세기」 2장 15절 '신이 인간을 희락의 낙원에 두어 그곳을 관리하며 지키게 하고'를, 인간의 과제는 "완벽한 본성이라는 선물과 충만한 미덕이라는 은총을"(IV, 25) 보존하는 데 있으며 '낙원'은 이 선물과 은

*

신중prudentia, 용기fortitudo, 절제temperantia, 정의iustitia를 말한다.

총의 척도라는 의미로 이해했다.

1.6. 이런 식으로 성립되는 낙원과 인간 본성 간의 비유적 등식에서 우리는 뒤이어 '지상낙원'의 구체적인 신학적 의미로 발전하게 될 내용, 즉 피조물의 시원적 정의iustitia가 인간의 죄로 인해 상실되었다가 그리스도를 통해 회복된다는 이야기의 발생 단계를 가늠해볼 수 있다. 암브로시우스의 입장에서, 인류의 '선조들이 지은 죄' 이야기는 인간의 본성을 돌이킬 수 없는 형태로 부패시킨 극적 사건에 관한 이야기라기보다는 오히려 '원죄'를 '구원'으로 인도하려는 일종의 전략에 가까웠다. 물론 아담은 선과 악을 식별할 수 있는 능력이 없었을 뿐 그에게 주어진 계율을 어겼기 때문에 죄를 지었지만, 선악을 알게 하는 나무가 정원 한가운데 심어진 것은 인간이 '선의 출중함supereminentiam boni'을 깨닫게 하기 위해서였다. 그래서 암브로시우스는 이렇게 묻는다. "선과 악에 대한 지식이 없다면 실제로 선과 악을 어떻게 구분하겠는가?"(II, 8) 바로 그런 의미에서 심지어는 악령마저 정원에 배치된다. 이는 "악마의 악의마저도 인간을 구원하는 데 소용될 수 있다는 사실을 우리가

깨달아야”(II, 9) 했기 때문이다. 암브로시우스에 따르면, 인간이 받은 벌은 그의 본성과는 무관하다. 그래서 “저주받은 것은 인간이 아니라 뱀이며, 땅도 저주받은 것이 아니라 ‘네 행위 속에서 저주받았을’ 뿐이다.”(XV, 77) 이처럼 인간의 본성이 아직은 양분되지 않은 상태로 남아 있기 때문에 암브로시우스의 저서에서는 ‘낙원’ 역시—『낙원에 대하여De paradiso』라는 노골적인 제목에서 분명하게 드러나듯—아직 분리되지 않은 상태로 남아 있다(‘낙원’은 뒤늦게야 영원히 잃어버린 ‘지상의 낙원’과 머나먼 미래에나 만나게 될 ‘천상의 낙원’으로 분리된다).

그럼에도 불구하고—암브로시우스에 따르면—인간의 본성에는 ‘죄’로 인해 일종의 그림자가 드리워진다. 그래서 암브로시우스는 **정원**에 살던 아담의 삶을 ‘삶의 그림자umbra vitae’로 정의하며 그의 불멸성을 오로지 미래에 주어질 삶의 담보에 불과한 것으로 간주한다.

인간은 사실 도래하게 될 삶 때문에 삶의 그림자 안에 머물러 있었다. 왜냐하면 지금 지상에서 살아가는 우리의 삶이 곧 그림자이기 때문이다. 혹은 신이 그에게

입김을 불어넣은 만큼, 인간은 삶의 어떤 담보 안에 머물러 있었다고도 볼 수 있다. 그러니까 그는 불멸성을 담보로 지니고 있었다... 아직 죄인은 아니었지만, 그의 본성은 부패되지 않는 것도, 침해가 불가능한 것도 아니었다. 아직 죄인은 아니었지만, 그는 머지않아 죄를 지을 운명에 처해 있었고, 바로 그런 이유에서 삶의 그림자 속에 머물러 있었다. 죄인이 죽음의 그림자에 갇혀 있듯이.[8](V, 29)

바로 이 지점에서 '낙원'은 시원적 정의와 희락의 장소에서 다름 아닌 원죄와 부패의 알쏭달쏭한 무대로 변하기 시작한다.

1.7. 신은 "인간을 추방한 뒤 희락의 낙원 앞에 천사들과 화염검을 배치해 생명나무로 접근하는 길을 지키게 했다."(「창세기」 3, 24) 이 구절에서 중요한 것은 **정원**이 아니라 인간이 그곳에서 쫓겨났다는 사실이다. 이 점에 대해서는 전통적으로 거의 모든 학자들이—몇몇 의미 있는 예외가 있었을 뿐—동의하는 양상을 보인다. 물론 **낙원**은 인간의 원천적인 거주지다. 토마스 아퀴나스도 『신학대전Summa theologica』

1권 102번 문제 「인간의 거주지de loco hominis」에서 "낙원은 과연 최초의 인간에게 어울리는 장소였나?"라고 물은 뒤 긍정적인 답변을 제시한다. 하지만 그의 입장에서도 본질적인 것은 최초의 인간이 살던 장소가—대다수의 의견대로, 그가 고작해야 6시간이라는 아주 짧은 기간에만 머물렀던 곳이—'희락의 장소sedes deliciarum'였다는 점이 아니라 그가 그곳에서 '비참한 곳으로in istum miseriarum locum' 쫓겨났다는 사실이다. 인간은 본연의 거주지에서 퇴출당한 생명체이자 고유의 시원적 공간을 상실한 존재라고 본 것이다. 이러한 관점에서 지상의 인간은 이방인peregrinus이다. 여기에는 두 가지, 서로 중첩되는 의미가 있다. 그가 이방인인 이유는 그의 영원한 삶이 이제는 앞으로 도래해야 할 천상의 낙원에 있기 때문이고 동시에 그가 에덴이라는 이름의 고향에서 추방당한 망명자이기 때문이다.

서구 문명사회의 원천적인 신화소는 낙원이 아니라 낙원의 상실이라는 주장이 나올 수 있었던 것도 바로 이 때문이다. 실제로 일종의 시원적 상처라는 개념은 그리스도교 문화와 근대 문화에 뿌리 깊은 영향을 끼쳤고, 이 과정에서 결국 지상의 행복을 탐색하려는 모든 시도는 실패로 돌아갈 수밖에 없는 상황이 발생했다.

어떤 무시무시한 형이상학적 금지령 혹은 모든 것을 파괴할 수 있을 정도로 강렬한 심리적 금기가 중세와 근대의 인간 심상에 각인되었다. 상황은 마치 인간에게 주어진 조건에서 즉각적으로 얻을 수 있는 '지금 이곳의' 복된 삶에 대한 희망이 어느 시점에선가 일종의 천재지변으로 인해 완전히 파괴된 것처럼 흘러갔다.(Braga, p.1)

그렇다면 우리에게 필요한 것은, 그리스도교 신학이 '낙원으로부터의 추방'을 개념적으로 체계화해 인간 조건을 결정지은 사건으로 만들고 이를 토대로 구원의 경제학을 구축하는 데 사용했던 메커니즘의 효능과 전략적 장치들을 분명히 파악한 뒤 재구성하는 작업이다. 이 요구에 부응하지 않는 한 "천재지변"이나 "모든 것을 파괴할 수 있을 정도로 강렬한 심리적 금기" 같은 표현들은 그저 단순한 메타포에 불과한 것으로 남게 될 것이다.

2. 자연적 죄

2. 자연적 죄

2.1. 이 장치들 가운데 가장 집요하고 강력한 것은 분명히 인간의 본성 자체를 회복될 수 없는 형태로 부패시킨 '원죄'의 교리일 것이다. 오늘날에도 여전히 학자들은 이 교리를 정말 아우구스티누스의 발명품으로 이해해야 하는지, 아니면 과연 무엇을 기준으로 이 교리의 전거를 교부철학이나 성서에서 찾아야 하는지 자문하며 논쟁을 벌인다. 하지만 아우구스티누스가 힐라리우스(Hilarius, 310~367)(정확하게는 암브로시아스터*), 암브로시우스(340~397), 키프리아누스(Cyprianus, 210~258) 등의 글을 빈번히 불명확하게 인용하며 자신의 교리는 언제나 가톨릭교회의 교리라는 점을 집요하게 강조할 뿐 자신의 의견이 과

거에는 상당히 모호했다는 누가 봐도 명백한 사실을 부인한다는 점에서, 실제로는 아우구스티누스도 자신의 논제가 지닌 상당히 '새로운' 성격을 충분히 의식하고 있었으리라는 결론을 내릴 수 있다.

그렇다면 여기서 아우구스티누스의 해석이 과연 어떤 전략을 토대로 전개되었는지 꼼꼼히 살펴볼 필요가 있다. 이는 무엇보다도 그가 자신의 교리를 「로마서」 5장 12절의 해석에만 의존해 설명할 뿐 아니라, 원래의 입장을 수정했다고 비난하던 율리아누스(Iulianus, 385~455)의 지적을 반박하기 위해 바울의 말을 실제로는—거의 문자 그대로 반복하며—"처음부터 사실로 받아들였다고"[9](『율리아누스 논박Contra Iulianum』 VI, 12, 39) 변명하기 때문이다. 아우구스티누스가 사용하던 라틴어 성경 「로마서」 5장 12절의 내용은 다음과 같다. '한 사람을 통해 죄가 세상에 들

<hr>

*

암브로시아스터Ambrosiaster는 서기 366년과 384년 사이에 쓰인 「바울 서간문 강해」의 저자를 지칭하는 이름이다. 오랫동안 암브로시우스의 저서로 알려져 있었지만 에라스무스가 이 책이 위서임을 밝힌 후부터 '암브로시아스터'를 저자명으로 사용한다. 문자 그대로 '암브로시우스로 추정되는'이란 뜻을 지녔다.

어왔고 죄를 통해 죽음이 들어왔듯이 그 안에서 모두가 죄를 지었기에(in quo omnes peccaverunt) 모두에게 죽음이 전달되었다.'[10] 여기서 중요한 것은 아우구스티누스가 라틴어 번역본의 'in quo', 즉 '그 안에서'를—언뜻 보기에는 주저하지 않고—아담과 직결시켜 "그(인간) 안에서 모두가 [잠재적 후손의 차원에서] 죄를 지었기에"로 읽었다는 점이다.

하지만 학자들은 일찍이 이 'in quo'에 상응하는 그리스어 'eph'oi'가 어떤 결과의 의미를 도입하는 표현이며 "~을 바탕으로", "~으로 인해"의 뜻으로 읽어야 하기 때문에 바로 앞에 오는 남성 명사 '죽음thanatos'과 직결될 가능성이 높다고 밝힌 바 있다. 그렇다면 위의 문장은 '죽음으로 인해 모두가 죄를 지었기에'로 읽어야 한다.(Schreiner, p.273~274: Fitzmyer) 물론 아우구스티누스도 『죄의 대가와 사면에 대하여De peccatorum meritis et remissione』에서 'in quo'가 아담을 가리킬 경우 "그 인간 안에서 모두가 죄를 지었기에(in quo homine omnes peccaverunt)"로 읽고, 죄를 가리킬 경우 "그 죄 안에서 모두가 죄를 지었기에(in quo peccato omnes peccaverunt)"로도 읽을 수 있다고 말한다. 실제로 아우구스티누스는 이 문장의 복합적인 성격을 분명하게 인지하고 있었다. 『펠라기우스주의자들의 두 서간문 논박Contra duas epistolas Pelagianorum』에서 그리스어 원문까지 언급하며 이 문제를 상세히 검토하는 아우구스티누스는 '아담을 통해 전달된 것은 죄가 아니라 죽음'[11]이라는 펠라기우스주의* 지지자들의 주장에 맞서 이야기를 이런 식으로 [얼핏 '죽음'이라는 전제를 오히려 인정하려는 듯] 전개한다.

"그 안에서 모두가 죄를 지었기에(in quo omnes peccaverunt)"라는 말은 대체 무슨 뜻인가? 이는 사도 바울이 "한 사람을 통해 죄가 세상에 들어왔다"고 말한 바로 그 사람 안에서만 모두가 죄를 지었다는 뜻이거나, 아니면 "그 죄 안에서, 즉 죽음 안에서" 모두

*
펠라기우스주의. 영국 출신의 로마 신학자 펠라기우스(Pelagius, 360~420)의 교리, 즉 원죄는 아담과 이브만의 죄였을 뿐 인류 전체에 전달되지 않았다는 입장을 지지하며 형성된 사조다. 펠라기우스주의가 당시에 문제시되었던 이유는 이러한 입장이—교회와 전통 신학의 관점에서—인류는 신의 은총 없이도 스스로의 힘으로 선을 행할 수 있을 뿐 아니라 원죄가 후손들에게 전달되지 않은 만큼 원죄 개념에 의존하는 구원의 필요성도 무의미하다는 결론으로 이어질 수 있었기 때문이다.

가 죄를 지었다는 뜻일 것이다. 바울이 왜 남성형인 'in quo' 대신 여성형인 'in qua'를 [라틴어 'mors(죽음)'가 여성명사라는 관점에서] 쓰지 않았는지 의아해할 필요는 없다. 실제로 그리스어에서 '죽음'은 남성명사다.(『펠라기우스주의자들의 두 서간문 논박』 IV, 4, 7)

하지만 아우구스티누스는 이처럼 'in quo'가 '죽음'을 가리킨다는 관점의 문법적 타당성을 분명하게 인지하고 있었음에도 불구하고 바로 이 시점에서 갑작스레 생각을 바꿔 이 관점을 어떤 식으로든 무효화하고 자신만의 해석으로 채워 넣기 시작한다.

"그 인간 안에서 모두가 죄를 지었기에"라는 말이 나온 것은 그가 죄를 지었을 때 모두가 그 안에 있었기 때문일 수도 있고 그 죄 안에서 모두가 죄를 지었기에 그것이 모두의 죄가—즉 태어나는 순간 모두에게 전이될 수밖에 없는 죄가—되었기 때문일 수도 있다. 물론 사람들은 빈번히 죽음 안에서 모두가 죄를 지었다고도 말한다. 하지만 나는 이를 어떤 식으로 바르게 이해할 수 있는지 알지 못한다. 인간은 죄를 짓다가 죽지, 죽어서 죄를 짓지 않는다(in peccato enim moriuntur homines, non in morte peccant). 누구든 죄를 지은 뒤에 죽을 뿐 죽은 뒤에는 죄를 짓지 못한다. '죽음의 침은 죄다'라는 말의 의미는 침이 죽음을 유발한다는 뜻이지 죽음이 침으로 우리를 직접 찌른다는 뜻이 아니다. 독도 일단 마셔야 사약으로 간주된다. 이는 독이 죽음을 야기하지, 죽음이 사약을 만드는 것은 아니기 때문이다. '죄'라는 단어가 그리스어에서 번역되었고 그리스어로 여성형인 만큼, 바울이 말하려는 바가 '죄 안에서 모두가 지은 죄'라고 보기 어렵다면, 최초의 인간 안에서 모두가 죄를 지었다고 봐야 한다. 왜냐하면 그가 죄를 지었을 때 모두가 그 안에 있었기 때문이다. 죄는 태어날 때 물려받으며, 다시 태어나지 않는 이상 씻지 못한다(unde peccatum nascendo trahitur, quod nisi renascendo non solvitur).(같은 곳)

하지만 「고린도전서」 15장 56절 '죽음의 침은 죄다'라는 문구의 전후 맥락과 바로 앞서 오는 문장 '오 죽음이여 너의 침이 어디에 있느냐?'의 의미를 고려하면 바른 해석은 죽음이 침의 결과라기보다는 오히려 침이 죽음의 소유라는 쪽으로 기울어진다. 그럼에도 아우구스티누스는 이러한 해석을 전적으로 무시할 뿐 아니라, 앞서 '죽음'에 관한 언급을 정당화할 목적으로 사용했던 것과 동일한 문법 사항을 이제는 '죄'가 문제시되어서는 안 된다는 관점을 합리화하기 위해 사용한다. 결국 아우구스티누스는 인간의 본성을 오염시킨 아담의 죄가 곧 인류 전체의 '원죄'이며 이것만이 유일하게 가능한 해석이라는 쪽으로 이야기를 몰고 간다.

2.2. 그렇다면 아우구스티누스의 이러한 전략 속에 숨어 있는 동기의 실체를 살펴보기에 앞서, 확실히 빈약할 뿐 아니라 편파적일 수도 있는 그의 논술 방식을 검토해볼 필요가 있다. 여기서 주목해야 할 것은 아우구스티누스가 사실상 펠라기우스주의자들의 주장만 논박하는 것이 아니라, 아담의 죄는 인간의 본성에 전달되지 않았고 바울의 'eph'oi'는 '죽음'을 가리킨다고 보는 해석적 입장과도 싸워야 하는 상황에 처해 있었다는 점이다. 일찍이 오리게네스(185~253)가 바울의 문구를 읽으면서 제시했던 해석에서는 사실상 아우구스티누스(354~430)가 말하는 '원죄'의 흔적을 전혀 찾아볼 수 없다. 밤멜의 의견대로(Bammel, p.335), 오리게네스는 바울의 'eph'oi'를

인과관계의 차원에서—즉 '바로 그런 이유에서' 혹은 '죽음으로 인해'라는 의미로— 읽었을 뿐 아니라 '모두가 죄를 지었기에(omnes peccaverunt)'라는 문구도 최초의 죄로 인해 모든 인간 안에 "아담이 범한 위반의 이미지"[12](Origenes, p.94)가 각인되었을 뿐이라는 의미로 해석했다. 바로 이 이미지가 어떤 "경미한 전염(levi contagione)"을 일으켜 인간을 죄로 유도한다. 바로 그런 이유에서 오리게네스는 인간을 두 종류로, 즉 전염에도 불구하고 죄를 짓지 않는 유형과 아담의 죄를 의도적으로 반복하는 유형으로 분류했다.『로마서 강해』에서 오리게네스는 이렇게 말한다.

죽음이 세상에 들어와 모두에게 전파되었지만 모두를 지배하는 것은 아니다. 실제로 '전파'(pertransire)는 '지배'와 다른 것이다. 죄도 의로운 자들에게까지 전파되었지만 단지 '경미한 전염'을 일으키며 이들에게 죄를 강요할 뿐이다. 반면에 죄는 위반자들, 다시 말해 죄에 굴복하고 헌신하며 전넘하는 자들을 다스리며 총력을 기울여 지배한다.(Origenes, p.68)

한편으로는 죽음의 통치도 절대적이지 않다.

아담 단 한사람을 기점으로 이 세상에서 시작된 죄의 지배는 아담과 유사하게(similitudo)—여기서 similitudo가 의미하는 '표본'이나 '예'를 좇아—행동한 이들 안에서만 지속되었다.(Origenes, p.90)

실제로 "죄는 전이될 수 있는 유형의 물질이 아니며 오로지 행위와 태도에서만 나타난다."[13](Origenes, p.192) 여기에 어떤 시원적 전염 같은 것이 있다면 이는 자연적 전이에 의한 죄의 상속이 아니라 각자 안에서 반복되는 일종의 추락을 의미할 뿐이다. 상황은 마치 모든 인간이 매번 "어떤 형언 불가능한 방식으로" 낙원에서 쫓겨나는 것처럼—"신만 아는 어떤 형언 불가능한 방식으로 각자가 낙원에서 쫓겨나 제외라는 형벌을 선고받은 것처럼"[14]—전개된다. 오리게네스에 따르면, 사도 바울이 '죄가 너희의 죽을 몸을 지배하지 못하리니'(「로마서」 6, 12)라고 말하면서 밝히고자 한 것은 죄 때문에 죽을 수밖에 없는 바로 그 몸을 다름 아닌 은혜가 지배한다는 것이었다.(Origenes, p.194) 어떤 경우에든 오리게네스는 바울이 분명하게 '은사란 범죄와 같지 않아서'(「로마서」

5, 15) 혹은 '죄가 넘치는 곳에서 은혜가 더욱더 넘쳤으니'(「로마서」 5, 20)라고 말할 때 의도하는 바를 인간의 본성은 온전하게 복원되었다는 의미로 이해했다. 이는 "은혜가 정의를 통해 삶을 지배하며" [...] "죽음이 있던 곳에 이제는 영원한 생명이 있기"(Origenes, p.124) 때문이다.

인류가 아담으로부터 죽음을 상속받았고 오로지 이 죽음 때문에 죄를 물려받았다는 생각은 시리아의 주교 테오도레토스(Teodoretos Kyrrou, 393~458)가 남긴 『로마서 강해Commentario alla Lettera ai Romani』의 핵심 주제이기도 하다. 실제로 죽음은 필요를 낳고, 필요는 죄를 낳는다.

죽음이라는 형벌에 얽매였던 아담이 가인과 셋 등의 자식들을 낳았다. 바로 이 사람에게서 태어났기에, 모든 인간은 죽을 수밖에 없는 운명에 처한다. 죽는 존재는 많은 것을—음식, 물, 옷, 집, 기술 등을—필요로 한다. 이러한 것들을 활용하는 가운데 영혼이 불만을 품게 되고 이 불만이 죄를 생성한다. 바로 그런 이유에서 사도 바울은 아담이 죄를 짓고 이로 인해 죽을 수밖에 없는 처지가 되었기에, 죄와 죽음 모두를 인류

> 에게 전파했다고 말한다. "죽음은 실제로 모두에게 전파되었고, 이로 인해(eph' oi) 모두가 죄를 지었다."

따라서 원죄의 상속 같은 것은 이루어진 적이 없고, 모든 인간은 사멸이라는 고유의 조건 안에서 언제나 새로운 죄를 지을 뿐이다.

> 각자가 지닌 죽음의 한계는 최초의 인간이 지은 죄가 아니라 각자 고유의 죄와 직결된다.(Teodoretos, p.103~104)

א 루피누스Rufinus Aquileiensis가 라틴어로 옮긴 오리게네스의 『로마서 강해Commentarii in Epistulam ad Romanos』를 살펴보면, 오리게네스는 로마서 5장 13~14절을 [오늘날의 성경과는 달리] 이런 식으로 이해했다. "율법의 시대가 오기 이전부터 죄가 세상에 있었다. 하지만 율법이 없을 때에는 죄를 죄로 여기지 않았다. 그럼에도 아담에서 모세에 이르기까지는, 미래의 형상인 아담이 위반한 것과 유사하게 '죄를 지은 자들(in eos qui peccaverunt)'이 죽음의 지배를 받았다."[15] 하지만 뛰어난 문헌학도였던 오리게네스는

[오늘날의 성경처럼] '죄를 짓지 않은 자들(in eos qui non peccaverunt)'이라고 적힌 판본들이 존재한다는 것을 알고 있었다. 그래서 오리게네스는 죽음의 '전파pertransire'와 죽음의 '지배regnare'를 구분해야 한다는 점에 주목했다.

> 죽음이 세상에 들어와 모두에게 전파되었지만 모두를 지배하는 것은 아니다. 실제로 '전파'는 '지배'와 다른 것이다. 죄도 의로운 자들에게까지 전파되지만 단지 '경미한 전염'을 일으키며 이들에게 죄를 강요할 뿐이다. 반면에 죄는 위반자들, 다시 말해 죄에 굴복하고 헌신하며 전념하는 자들을 다스리며 총력을 기울여 지배한다.(Origenes, p.68)

물론 이 경우에도 오리게네스가 제시하는 해석의 본질은 변하지 않는다. 왜냐하면 죄를 짓지 않은 의인들도 죽음의 계율에 얽매일 뿐 그리스도에 의해 자유를 얻는다고 보기 때문이다. 한편으로는 오리게네스가 「로마서」 5장 12절 주해에서, 이성을 취득하기 이전 상태의 어린 아이들은 무고하다고 주장한다는 점도 주목을 요한다. 그래서 그는 바울의 문장을 이런 식으로 읽는다. "사실 나는 한때 죄를 모르고 살았다. 그러니까 유아기에는 죄를 몰랐던 것이다."(Origenes, p.60)

2.3. 아우구스티누스의 해석이 지닌 편파적인 성격은 아이러니하게도 그가 자신의 논제를 뒷받침하기 위해 빈번히 인용하는 텍스트에서 더욱더 분명하게 드러난다.『펠라기우스주의자들의 두 서간문 논박』에서 아우구스티누스는—앞서 인용한 문장 바로 뒤에—이렇게 말한다.

> 힐라리우스는 '그 안에서 모두가 죄를 지었다'라는 말이 왜 만들어졌는지 이해한다. 그는 "그 안에서(in quo), 즉 아담 안에서 모두가 죄를 지었다"라고 적은 뒤 이렇게 덧붙인다. "모든 사람이 아담 안에서 일종의 무리처럼 죄를 지었다는 것은 분명하다. 아담 자신이 죄에 물들었기 때문에 그의 모든 후손이 죄 아래에서 태어난다." 이런 식으로 힐라리우스는 우리가 '그 안에서 모두가 죄를 지었다'라는 문구를 어떻게 이해해야 하는지 분명하게 밝힌다(IV, 4, 7).[16]

하지만 오늘날의 학자들이 밝혀낸 바와 같이, 아우구스티누스가 인용하는 이 문장은 힐라리우스의 저서가 아니라, 에라스무스 시대부터 흔히 '암브로시아스터(혹은 위-암브로시우스)'라고 부르는 저자의 로마서 해석에서 유래한다. 게다가 아우구스티누스가 파편처럼 잘라낸 인용하는 문구들을 원문의 전체적인 맥락에서 읽으면, 그의 해석이 상당히 불분명할 뿐 아니라 부분적으로는 그의 입장에서 원문의 저자가 말한다고 주장하는 것과 정반대의 내용으로 채워져 있다는 점을 어렵지 않게 간파할 수 있다. 아우구스티누스가 인용하는 "그 안에서(in quo), 즉 아담 안에서 모두가 죄를 지었다"라는 문구는 암브로시아스터의 텍스트에서 이렇게 계속된다. "바울이 여성에 대해 말하면서도 남성형인 'in quo'를 사용한 이유는 그가 말하려는 것이 '성'이 아닌 '종'이었기 때문이다."[17](Ambrosiaster, p.165) 여기서 암브로시아스터가 일종의 해결해야 할 문제점으로 간주하는 것은 '죽음'에 대한 책임이 이브에게 있다고 보는—즉 '죽음'이 그녀를 통해 세상에 들어왔다는—관점이다. 암브로시아스터에 따르면, 바울이 여성형 'in qua' 대신 남성형 'in quo'를—한편으로는 아우구스티누스도 분명하게 인지하고 있던 논리에 따라(『그리스도교 교리 De doctrina christiana』 III, 34, 48)—사용한 이유는 이브를 염두에 두고 있었음에도 불구하고 '성'이 아닌 '종'을 중시했기 때문이다. 누군가 예리하게 지적했던 대로, 아우구스티누스가 인용문의 일부를 잘라낸 이유는 아마도 암브로시아스터의 이러한 의견이 인류는 오로지 아담 한 사람에게서만 유래한다는 자신의 교리와 상충된다고 보았기 때문일 것이다. 아우구스티누스에 따르면, 여자는 남자의 몸에서 창조되었고 이는 곧 "단 한 명의 남성에게서 인류 전체가 유래한다는"[18](『신국론De civitate Dei』, XII, 21) 것을 의미한다.

한편으로는 아우구스티누스가 인용하는 문구의 나머지 부분도 원문 전체의 맥락에서는 명백하게 또 다른 의미로 읽힐 뿐 아니라 그의 의견과는 달리 'in quo'가 오히려 죽음을 가리킨다고 보는 해석 전통에 기재되어 있다. 실제로 암브로시아스터는 '죄로 인한 타락(per peccatum corruptus)'의 정확한 의미를 설명하면서, 아담의 타락이 후손들에게 물려준 것은 죄가 아니라 육체의 죽음이라고 밝힌다. 더 나아가 그는 이렇게 덧붙인다.

여기에는 또 다른 죽음이, 이른바 게헨나*에서 맞이하는 두 번째 죽음이 있다. 이 죽음은 아담의 죄 때문이 아니라 우리 자신의 죄 때문에 다가오며, 아담의 죄는 우리에게 범죄의 기회를 제공할 뿐이다.[19] 선한 자들은 이 죽음에서 면제된다.(Ambrosiaster, p.163)

이러한 논리가 아우구스티누스의 원죄 교리와 모순된다는 점은 너무나 분명하다. 그래서 신학자들은 아우구스티누스가 힐라리우스의 저서로 알려진 텍스트의 몇몇 단상들이 수록되어 있는 '증언 모음집'을 활용했고 여기서 인용하고자 하는 문구들을 추려냈으리라고 추측하기도 했다. 하지만 일부 종교사학자들이 아우구스티누스 신학의 모델로 간주하던 암브로시아스터의 텍스트는 오히려 아우구스티누스의 주장이 오류임을 정확하게 보여준다.

*

게헨나Gehenna. 예루살렘 근교의 계곡을 부르던 이름으로, 이곳에서 인간을 제물로 바치는 희생제의가 이루어졌다. 영원한 고통과 저주의 장소를 상징하는 용어이며 지옥의 동의어다.

2.4. 아우구스티누스의 전략에는 교회적인 논리와 신학적인 논리가 구분이 거의 불가능한 형태로 아주 복잡하게 뒤엉켜 있다. 아우구스티누스가 펠라기우스주의자들을 논박하며 자신의 원죄 교리를 구축할 때 중시했던 것은 무엇보다도 유아세례의 필요성이었다.(이와 동일한 맥락에서, 도나투스주의*를 논박할 때에도 관건은 로마제국의 세력가들에게 성서의 권위를 양도했던 배교자 주교들의 세례집도가 과연 유효한가라는 문제였다.)

첼레스티우스(Celestius, 372~431)**가 옹호하며 부인하기를 거부했던 논제에 따르면 "아담의 죄는 오로지 그에게만 해를 입혔을 뿐 [...] 아이들은 아담이

---

*

도나투스주의Donatismo는 북아프리카 주교 도나투스의 생각을 지지하며 형성된 종파의 이름으로, 로마제국에서 그리스도교 박해가 극심했던 시기에 신앙을 저버린 배교자 성직자들의 세례 집도는 무효하다는 논리를 내세우며 교회는 부정한 자를 배척하고 순수한 신자들로만 구성되어야 한다고 주장했던 이들의 입장을 가리킨다. 이러한 입장이 문제시되었던 이유는 무엇보다도 세례가 그 자체로는 아무런 의미를 지니지 않으며 이를 집도하는 이의 권위에 좌우된다는 이들의 생각이 세례 자체는 신성하지 않다는 결론으로 이어질 수 있었기 때문이다.

**

첼레스티우스는 로마의 펠라기우스주의 신학자였다.

죄를 짓기 이전과 동일한 상황에서 태어난다."(『그리스도의 은총과 원죄De gratia Christi et de peccato originali』 II, 2, 2) 바로 이러한 관점을 무너트리기 위해 인간의 본성을 죄와 직결시켜야만 한다는 것이 아우구스티누스의 생각이다. 그가 이를 목적으로 제시하는 것은 무엇보다도 "만약 인간의 본성이 정의롭다면, 그렇다면 그리스도는 헛되이 죽은 셈"[20](『자연적 본성과 은총 De natura et gratia』 2, 2)이라는 논리, 달리 말하자면 교회 관행의 차원에서는 성사sacramento마저도—이 경우에는 세례조차—불필요해진다는 논리다. 바로 그런 이유에서 아우구스티누스가 매번 집요하고 무자비하게—결코 모범적이라고 볼 수 없는 어조로—강조하는 것이 바로 세례를 받지 못한 아이들은 숙명적으로 저주를 받았다는 이야기다.

> 내가 주장하는 바는 세례를 받을 수 없는 환경에서 태어나 죽은 아이, 따라서 재생을 위한 세척 없이—물론 인류 전체를 관통하는(quae per universam massam currit) 형벌 때문이지만—생명을 잃은 아이는, 비록 그리스도인이 될 수 있는 기회조차 얻지 못했다 하더라도, 결코 천국에 들어갈 수 없으리라는 것이다.(『자연

적 본성과 은총』 8, 9)

아울러 원죄 교리를 부정하는 펠라기우스주의자
들의 입장에 어떤 문제점이 있는지 분명히 밝힐 목적
으로 아우구스티누스는 이렇게 덧붙인다.

나는 아이들에 대해서만 이야기하려는 것이 아니다.
어떤 청년 혹은 노인이 그리스도의 이름조차 들을 수
없는 곳에서 사망할 경우 인간의 본성과 자유의지만
을 기준으로 이들을 의인이라 부를 수 있을까? 그럴
수 있다면 이는 곧 그리스도의 십자가가 무의미하다
는(crucem Christi evacuare) 것을 뜻한다.(『자연적 본성
과 은총』 9, 10)

하지만 문제는 이런 식으로 무의미해지는 것이
[아우구스티누스의 입장에서] 십자가라기보다는 오
히려 가톨릭 및 교회와 성사의 필요성이라는 데 있다.

2.5. 엄밀하게 신학적인 관점에서 아우구스티누
스의 논제가 지닌 새로운—강점인 동시에 약점인—
요소는 그가 '죄'의 범주에 '인간'뿐만 아니라 인간의

본성 자체와 생명까지 끌어들인다는 점이다.

> 죄라고 불리는 상처는 바르게 살던 인간의 삶 자체에 해를 끼친다. [...] 최초의 인간이 지은 크나큰 죄 때문에 우리는 본성적으로 나쁘게 변했고 죄인이 되었을 뿐 아니라 죄인들을 낳기까지 했다.[21](『혼인과 욕정에 관하여De nuptiis et concupiscientia』 II, 34, 57)

서양 윤리의 역사에서 예외적인 경우에 속하는 '원죄'의 개념에는 하나의 역설이 숨어 있다. 이 역설이란 어떤 개인의 개별적인 행위나 이 행위가 집단적인 차원에서 반복되는 상황이 죄로 간주되지 않고, 죄인으로 만들어진(facta peccatrix) 인간의 본성 자체와 삶 자체가 총체적인 차원에서—무엇보다도 번식의 차원에서—죄로 간주된다는 것이다. 게다가 아우구스티누스의 이러한 주장은, 그가 마니교와 싸울 때마다 어쩔 수 없이 인간의 본성은 그 자체로 악하다는 논제를 아이러니하게도 부정하고 죄는 본성이 아니라 악습이라고(non est utique natura, sed vitium) 확언한다는 점을 감안할 때, 지지하기가 더욱더 어려워진다. 이런 식으로 그가 명백한 모순에 빠지는 이유는 무엇보다도 악습이 어떻게 출생과 더불어 고스란히 유전될 수 있는지를 밝힐 수 없기 때문이다. 아우구스티누스가 이 모순을 해결하는 방식은 자연적 본성의 개념적 이중화를 꾀하면서 '본성'에 일종의 '역사'를—즉 인간의 전적으로 에덴적인 본성이 죄 때문에 타락한 본성으로 대체되는 과정을—도입하는 것이었다.

> 신의 창조물이며 전적으로 선한(quam Deus creavit et quae tota bona est) 영혼이나 육체의 본성을 우리는 비난하지 않는다. 하지만 이 본성은 우리의 의지로 인해 타락했기(propria voluntate vitiata) 때문에 신의 은총 없이는 회복이 불가능하다고 말할 수 있다.(『인간적 의로움의 완성에 관하여De perfectione iustitiae hominis』 6, 12)

게다가 세례에 의한 재생 이후에도 본성의 타락은 욕정의 형태로 지속되며 이 욕정이 무기력한 인간을 죄로 이끈다. 아우구스티누스에 따르면, "사실상 육체적인 욕정의 흔적이 조금이라도 남아 있는 한… 온 영혼을 바쳐 절대적으로 신을 사랑하는 것은 불가능하다."[22](같은 책, 8, 19) "따라서 세례를 받은 이들에게도 거슬리는 것이 육체다. 인간의 본성에 분리될 수 없는 형태로 내재하는 가능성 같은 것은 존재하지 않는다."[23](『자연적 본성과 은총』 53, 61)

하지만 자세히 살펴보면 이는 오히려 신에 의해 창조된 본성을 변형시킬 수 있는 비상한 능력이—상황이 더욱더 복잡해지는 것도 이 때문인데—다름 아닌 인간에게 주어졌다는 것을 의미한다. 바로 이러한 각도에서 관찰할 때, 인간이 낙원에서 추방되는 사건의 본질적으로 아우구스티누스적인 의미가 드러난다. 그의 입장에서, 인간은 스스로의 본성을 부패시킬 줄만 알지 이를 스스로의 힘으로는 회복하지 못하기 때문에, 교회가 성사를 통해 배포하는 신성한 은총과 이 은총을 기반으로 전개되는 구원의 역사 및 경제에 스스로를 의탁할 수밖에 없는 존재다.

2.6. 바로 이 모순적인 구도를 마주할 때, 펠라기우스와 첼레스티우스의 이견들은—아우구스티누스가 매번 인용하며 논박할 뿐—사실상 논쟁에서 유리한 위치를 점한다. 이는 아우구스티누스도 인정하듯 '죄'를 실체가 아닌 행위로 간주할 때, 그의 입장에

서도 다음과 같은 질문을 던지지 않을 수 없기 때문이다. "실체가 없는 무언가가 인간의 자연적 본성을 부패시키거나 변형시키는 일은 과연 어떻게 가능한가?"[24](『자연적 본성과 은총』 19, 21) 게다가 아우구스티누스의 원죄 교리에서처럼 '죄'가 무언가 필연적이고 불가피한 것이라면, 실제로는 이를 '죄'라고 보기 어렵다. 반대로 '죄'가 의지에 좌우되는 것이라면—아우구스티누스의 입장에서도—"죄를 피할 수 있고, 인간은 잠재적으로나마 죄 없이 살아갈 수 있다."[25](『인간적 의로움의 완성에 관하여』 2, 1) 한편 펠라기우스의 비판은 무엇보다도 아우구스티누스 신학의 핵심 교리, 즉 은총이 없으면 인간의 구원은 절대적으로 불가능하다는 생각을 논박할 때 특별히 적중한다. 실제로 펠라기우스가 부정하는 것은 은총 자체가 아니라 은총과 본성의 상충 관계다. 그래서 그는 이렇게 말한다. "은총이란 우리가 본성적으로 신에게서 받은 일종의 가능성, 즉 죄를 짓지 않을 수 있는 가능성이다. 이는 우리의 본성이 신의 자유의지로 창조되었기 때문이다." 달리 말하자면 은총은 인간의 본성과 불가분한—펠라기우스를 비판해야 하는 아우구스티누스의 입장에서는 '불가용한'—가능성이다. 우리의 본성

과 관련된 모든 것이 이를 창조한 이에게서 유래한다
면 "왜 전적으로 신에게 속한 것에—우리의 본성에—
신의 은총이 결핍되어 있다고 주장하나?"(『자연적 본
성과 은총』51, 59)

　이 더할 나위 없이 분명한 논제를 반박하기 위
해 아우구스티누스는 어쩔 수 없이 또 '원죄'의 교리
를 기반으로 인간의 본성을 이원화하는 방식에 의존
한다. 아우구스티누스에 따르면, 인간이 낙원에서 지
녔던 가능성은 그의 본성이 타락해 은총과 이질적인
것으로 변한 순간 사라지고 말았다. 그래서 인간에게
은총은 마치 병자에게 필요한 약과도 같다. 아우구스
티누스가 말하는 원죄의 의미는 다름 아닌 질병이다.

　✘ 펠라기우스와의 끝없는 논쟁에서 아우구스티
누스에게 중요했던 것은 본성과 은총의 분류다. 이
분류법을 유지하기 위해 아우구스티누스는 수단과
방법을 가리지 않는다. 왜냐하면 펠라기우스처럼 원
죄의 교리를 부정하는 순간, 즉 죄를 짓지 않을 수 있
는 가능성이 인간의 본성에 내재한다고 보는 순간 은
총 자체가 무의미해지기 때문이다. 아우구스티누스
의 입장에서 펠라기우스의 오류는 본성과 은총을 혼

동하고, 은총을 통해서만 가능한 것이 인간의 본성으로도 가능하다고 본다는 데 있다. 그래서 그는 이렇게 말한다.

> 펠라기우스가 말하는 인간의 본성을 인간이 온전하게 죄 없이 창조되었던 상태의 본성으로 이해하면, 그의 의견은 어떻게든 받아들일 수 있을 것이다. 하지만 바로 이 본성이 부패할 수도 있었다는 식으로, 그래서 눈이 멀어버린 인간에게 시각을 되찾아줄 어떤 의사가 필요할 수도 있었다는 식으로 말하는 것만큼은 삼가야 한다.(『자연적 본성과 은총』51, 59)

아우구스티누스의 입장에서는 사실상 죄를 지은 후에야 돌이킬 수 없는 형태로 타락한 것이 인간의 본성이다. 그래서 본성과 은총의 관계는 질병과 의약의 관계에 가깝다.

> 우리에게는 우리의 마음이나 생각을 다스릴만한 힘이 없다. 느닷없이 뿌연 안개처럼 변해버린 우리의 마음과 생각은 정신과 영혼을 혼동하며 우리를 원하지 않는 곳으로 데려간다. 이 혼탁한 생각들이 우리를 세

상의 일과 전부 세속적인 것 안으로 끌어들여 쾌락으로 현혹하며 유혹으로 구속한다. 우리가 정신을 높이 일으켜 세우려고 노력할 때에도, 허망한 생각들이 우리를 사물들의 저속한 세계로 끌어내린다. 자신의 마음을 언제든 고양시킬 수 있어 행복한 자가 과연 누구인가? 이를 신의 도움 없이도 할 수 있는 자가 누구인가? 이는 어느 누구도 결코 할 수 없는 일이다.(『펠라기우스주의자들의 두 서간문 논박』IV, 11, 30)

이 경우에도 아우구스티누스의 신학적 논리는 교회의 생존 논리와 일치한다. 만약 은총 없이도 죄를 짓지 않고 살아갈 수 있는 힘이 인간의 본성에 내재한다면—아우구스티누스의 입장에서는—성사를 통해 은총을 보급해야 하는 교회의 존속 이유도 사라진다.

2.7. 안셀무스는『동정녀의 잉태와 원죄에 관하여De conceptu virginali et de originali peccato』서두에서 아우구스티누스의 교리를 수용하는 한편 후세에 오랫동안 중요한 유산으로 남게 될 구분법을 도입한다. 신이 어떻게 "죄를 지을 수밖에 없는 인간들의 무리

에서 죄 없는 인간을—즉 그리스도를—취할"[26] 수 있었는지 설명하기 위해, 안셀무스는 단호하게 개인적인 죄와 시원적인 죄를 구분해야 한다고 말한다.

> '원래originale'라는 말이 '기원origine'에서 유래한 것은 분명하다. 원래의 죄가 오로지 인간에게서만 발견된다는 전제하에, 이를 원죄라 부르는 이유는 이 죄가—인간의 기원 자체에서 비롯된 만큼[27]—인간 본성의 기원과 일치하는 시점에서 유래했기 때문이거나, 아니면 개인 각자의 기원에서, 즉 개개인의 시원에서 유래했기 때문일 것이다. 하지만 원죄가 인간 본성의 시원에서 유래했다고 보기는 어렵다. 왜냐하면 인류의 조상들이 죄를 모르는 상태에서 의인으로 창조된 만큼, 인간 본성이 원래는 의로웠기 때문이다. 따라서 '원죄'라는 이름은 죄가 개개인의 시원에서 유래하기 때문에 붙여진 것으로 보인다.(Anselmus p.136)

안셀무스의 입장에서 이러한 구분법이 중요한 이유는 이를 바탕으로, 원죄란 인간의 본성을 물려준 에덴의 선조에게서 유래할 뿐 실제로는 오로지 개개인의 시원, 즉 탄생을 통해서만 현실로 드러난다고 주장할 수 있기 때문이다.

누가 말하기를, 죄를 '원죄'라고 부르는 이유가 그것이 개개인의 원천적 본성을 물려준 선조에게서 유래하기 때문이라고 한다면 그의 의견을 반박하지는 않을 것이다. 하지만 조건이 있다. 그는 원죄가 개개인 각자의 시원을 통해 전이된다는(문자 그대로 '전달받는'다는)[28] 사실도 부인하지 말아야 한다. 물론 개인은 그가 타자와 동일한 '사람'임을 보여주는 자연적 본성뿐만 아니라 그를 타자와 차별화하는 '페르소나'까지 함께(simul) 지닌 것이 사실이다. 개인을 '이 사람'이나 '저 사람', 혹은 아담이나 아벨 같은 이름으로 부른다는 것 자체가 개인의 죄는 자연적 본성에도, 페르소나에도 있다는 것을 보여준다(실제로 아담의 죄는 인간이라는 존재의 '자연적 본성'에서 발견될 뿐 아니라 아담이라는 이름의 '페르소나'에서도 발견된다). 그럼에도 불구하고 개개인이 자연적 본성을 통해 전달받는 죄는 그가 타자와 상이한 페르소나로 성장한 후에 스스로 범하는 죄와는 다르다. 자연적 기원 자체에서 유래하는 죄를 '시원적'이라고 부르며, 따라서 '자연적' 죄라고도 부른다. 하지만 그 이유는 '죄' 자체가 자연적 본질의 일부이기 때문이 아니라 자연이 부패함에 따라 자연과 함께 발생하기 때문이다.[29] 한편 각자가 페르소나로 성장한 후에[30] 범하는 죄는 '개인적'이라고 부른다. 왜냐하면 개인의 악습에서 비롯되기 때문이다. 이와 동일한 이유에서, 정의(giustizia)역시 '시원적'이기도 하고 '개인적'이기도 하다. 아담과 이브는 원래, 그러니까 이들의 시원에서 인간으로 존재하기 시작한 순간 동시에, 시간의 간극 없이 정의로웠다.[31] 반면에 정의롭지 못한 자가 원래는 지니지 못했지만 뒤이어 얻는 정의의 경우, 이를 '개인적'이라고 부를 수 있다.(Anselmus p.138)

하지만 안셀무스의 구분법은 아우구스티누스의 교리가 지닌 모호함을 벗겨내는 데 소용될 뿐 실제로는 이 교리에 내재하는 모순들을 더욱더 분명하게 노출시킨다. 안셀무스의 의견대로 아담과 이브가 '개인적으로 죄를 지은(personaliter peccaverunt)' 만큼 이 선조들의 죄가 '개인적인 죄'에 지나지 않는다면 대체 왜 이 죄가 전염의 힘을 지녀 인간의 자연적 본성 자체를 변화시킬 뿐 아니라 개개인 안에서 원죄로 변신할 수 있는 힘까지 지녔다고 봐야 하나? '자연적 죄'

같은 것은 사실 존재하지 않는다. 안셀무스가 분명하게 밝히듯이, 이를 '자연적'이라고 부르는 이유는 죄 자체가 인간의 자연적 본성에 내재하기 때문이 아니라 '개인적' 차원의 죄가 자연적 본성의 부패로 인해(propter eius corruptionem) 발생하기 때문이다. 따라서 '죄'가 시원적이라기보다는, 개인적인 차원에 머무를 수밖에 없는 죄로 인해 불가해한 방식으로 발생하는 자연적 본성의 '부패'가 시원적이다. 교회가 아무런 검토 없이 상속받은 아우구스티누스와 안셀무스의 교리는 사실상 '원죄'의 교리가 아니라 인간 본성의 '시원적 부패(originalis corruptio)'의 교리이며 죄는 후자의 구실에 불과하다. 실제로 안셀무스의 신학에서 '자연적' 본성과 '개인적' 차원이 구분되는 동시에 이들 간의 상호교환이 어떤 눈속임의 형태로 이루어진다는 점은 그가 어린 아이들의 시원적 죄를 정당화하기 위해 두 가지 죄의 교리를 활용하는 곳에서 극명하게 드러난다. 그는 이렇게 말한다. "개인적인 것이(죄가) 자연에 전이되듯 자연적인 것도 개인에게 전이된다."[32](Anselmus p.186) 안셀무스에 따르면, 아담이 **정원**의 나무에서 양분을 취한 것은 자연적 요구에 따른 행위인 반면 금지된 나무의 열매를 취한 것은 개인의 의지에 따른 행위다. 이처럼 행위의 '의도'로 인해 제외된 '자연'은 곧장 죄의 전달체가 되어 행위 안에 다시 포함되고, 이 전달체가 개인적인 행위를 인류 전체의 죄로 변형시킨다. 정확하게 안셀무스는 이렇게 말한다. "아담이 음식을 취한 것은 자연적인 요구에서 비롯되었다. 왜냐하면 그가 이를 요구하도록 창조되었기 때문이다. 하지만 그가 금지된 나무의 열매를 취한 것은 자연적 의지가 아닌 개인적, 즉 그의 고유한 의지에서 비롯되었다. 그럼에도 그의 개인적인 행위가 자연과 무관하게 이루어진 것은 아니다. 왜냐하면 '아담'이라 불리던 자는 '개인'이었던 반면 '인간'이라 불리던 자는 '자연'이었기 때문이다. '자연적 죄'를 창조한 것은 '개인'이다. 이는 '아담'이 죄를 지었을 때 곧 '인간'이 죄를 지었기 때문이다."[33](같은 곳) 안셀무스는 이런 결론을 내린다. "이런 식으로 아담의 개인적인 죄는 그의 모든 자연적 후손들에게 그대로 전이되고 이들 안에서 원죄로, 즉 자연적인 죄로 변한다."[34](같은 곳) 간단히 말하자면, 여기서 '자연'적으로는 결코 범할 수 없는 죄를 인간 아담에게는 부여할 수 있는 유형으로 만드는 것이 바로 '개인'이다. 그리고 '개인'이 곧장 '자연'으로 다시 환원되는 순간 이 죄에 대해 인류 전체가 동반책임을 져야 하는 상황이 발생한다. 그렇게 인류는 타락한 무리(massa perditionis)로 변한다.

✗ 여기서 관건은 분명히 개인적인 죄를 어떤 자연적인 죄로 변형시키려는 시도다. 따라서 안셀무스는 물론 아우구스티누스의 텍스트에서도 '원죄'의 개념이 식물학적 차원에서 설명된다는 점은 그리 놀라운 것이 아니다. 여기서 주목해야 할 것은 '번식하다'는 뜻의 동사 propagare가 죄의 전이를 설명하기 위한 기술적인 용어로 활용된다는 점이다. Propagare는 원래 '묘목을 심다'라는 뜻이며 propago는 씨앗 또는 새싹을 가리킨다. 안셀무스는 이렇게 말한다. "인간이 죄를 짓지 않았다면 그의 자연적 본성은 신이 창조한 대로 번식(propagare)했겠지만 죄를 지은 후에는 죄를 지으면서 행동한 대로 번식한다."[35](Anselmus, p.138) 이와 동일한 관점에서, 아우구스티누스도 신에게 축복받은 인간을 좋은 나무에, 죄를 지어 자연적 본성을 부패시킨 인간은 나쁜 나무에 비유한다. 결코 우연이라고 보기 어려운 것은, 아우구스티누스와 논쟁을 벌이던 펠라기우스의 비판이

바로 이 식물학적 환유를 표적삼아 전개되었다는 점이다. 펠라기우스에 따르면, 아담의 죄는 번식이 아닌 모방을 통해(non propagine, sed exemplo), 달리 말하자면 자연적이지 않고 개인적인 방식으로 인류 전체에 확산되었다.

2.8. 단 한 사람의 죄로 인해 자연 전체가 퇴화했다는 생각 자체를 가능케 하는 장치는 '무리massa'라는 용어다. 아우구스티누스는 이 용어를 아마도 암브로시아스터의 문장 "모든 사람이 아담 안에서 일종의 무리처럼 죄를 지었다(omnes in Adamo peccasse quasi in massa)"에서 차용했을 것이다. 물론 실제로는 보다 분명한 선례가 이미 신약성서의「로마서」9장 21절에서 발견된다. 하지만 그리스어 성서의 phyrama, 즉 라틴어 massa로 번역된 '무리'는 어떤 부정적인 의미도 지니지 않으며 토기장이가 모든 유형의 그릇 제작에 사용하는 진흙 '반죽'을 가리킬 뿐이다. "토기장이가 동일한 진흙 덩이로(luti ex eadem massa) 하나는 귀히 쓸 그릇을, 하나는 천히 쓸 그릇을 만들 권한이 없겠는가."

그렇다면 아우구스티누스는 사실 바울의 개념어

'massa'를 독단적으로 해석해, 인간의 자연적 본성은 아담의 죄 때문에 단일한 형태의 타락한 무리(massa perditionis)로 만들어졌다는 식의 이야기를 제시하는 셈이다. 실제로 결정적인 차이는 이 'massa'가 바울의 텍스트에서 무언가 이미 존재하는 것인 반면 아우구스티누스의 신학에서는 죄와 함께 존재하기 시작한다는 데 있다. 죄가 마치 어떤 창조의 힘이라도 지녔다는 듯이, 그는 "최초의 인간이 존재하게 만든 그 타락한 무리"[36](『편람Enchiridion』 23, 92)라고 말한다. 『그리스도의 은총과 원죄』에서도 이와 동일한 의미로 두 번 활용되는 'massa'는 먼저 「로마서」 5장 12절을 해석하는 데 쓰인다.

> 여하튼 "단 한 사람을 통해 죄가 세상에 들어오고, 죄와 함께 들어온 죽음이 모든 인간에게 전달되어 모두가 죄를 짓게" 된 만큼, 타락한 무리(massa) 전체가 타락한 자의 소유가 된 것이 분명하다.[37](『그리스도의 은총과 원죄』 II, 29, 34)

뒤이어 아우구스티누스는 세례를 받지 못한 상태에서 죽은 아이들이 저주받은 이유를 설명하기 위해 다시 이 용어를 활용한다.

어린 아이가 벌로 저주받는 것이 정당한 유일한 이유
는 그가 타락한 무리의 일부이기(nisi quia pertinet ad
massam perditionis) 때문이다. 그가 아담의 후손이기
에 오래된 채무로 인해 벌을 받는 것이 마땅한 이유도
사실 마찬가지 아닌가? 여기서 벗어나 자유로워질 수
있는 유일한 길은 채무의 이행이 아니라 신의 은총뿐
이다.(같은 책, II, 31, 36)

한편 좀 더 앞선 시기의 저작들에서도 '무리'의
개념은 원죄와 밀접한 연관성을 지닌 것으로 나타난
다. 『다양한 질문들De diversis quaestionibus』(68, 3)에서
아우구스티누스는 「로마서」 9장 21절을 해석할 때 최
초의 인간이 타락한 순간 우리의 자연적 본성이 죄
를 지었다고(natura nostra peccavit) 설명할 뿐 아니
라 이때부터는 조물주마저도 인간을 더 이상 신성한
원형이 아니라 점토 덩어리(massa luti)에서, 그러니
까 실제로는 죄 덩어리(massa peccati)에서 만들어낸
다는 결론을 내린다. 또 다른 저서 『심플리키아누스
에게Ad Simplicianum』에서는 '인류(genus humanum)'가

빈번히 "어떤 단일한 죄 덩어리(una quaedam massa peccati)"(I, 2, 16)로 묘사된다. 아담이 만든 이 완전한 형태의 죄 덩어리는 "죄의 전이와 죽음의 형벌을 매개로 계승되는 모든 인간의 단일한 무리"[38](I, 2, 20)와 일치한다.

학자들은 '무리(massa)'라는 용어의 현대적 의미를 결정짓는 '수량'의 개념보다 '기원'의 개념이 아우구스티누스의 입장에서는 더 중요했다는 점에 주목한 바 있다. 하지만 텍스트를 살펴보면 이 두 개념의 의미는 아주 복잡하게 뒤엉켜 있어서 사실상 구분이 불가능하다. 아우구스티누스가 말하는 죄 덩어리(massa)는 인간의 본성과 일치하고 인간의 본성은 죄 덩어리(massa peccatorum)의 구축 원칙인 동시에 수적 총체인 "모두의 단일한 무리(una massa omnium)"와 일치한다. 이러한 특징은 아우구스티누스가 신의 예정에 관해 논하면서 동일한 용어를 사용할 때에도 분명하게 드러난다. '무리'는 '헤아릴 수 없는 신의 선택'이라는 주제와 직결될 때 무엇보다도 수적 차원의 총체를 가리킨다. 『인내라는 선물에 관하여De dono perseverantiae』에서, 아우구스티누스는 신에게 선택받지 못한 자들이―믿지 않는 유대인들도 함께―세속인들의 '타락한 무리' 속에 버려진다고 말한다. "[선택받지 못한 자들은] 신의 정의로운 심판에 따라, 티르와 페니키아 사람들이 내버려진 '타락한 무리' 속으로 버려진다... 믿음이 없던 유대인들도 이와 동일한 무리 속에 버려졌다."[39](14, 35) 아우구스티누스는『신국론』의 마지막 장에서도, 선택받은 자들만이 구원을 얻고 그 외는 '저주받은 무리(massa damnata)'의 일부이기에 버려진다고 말한다.

✗ 아우구스티누스의 신학에서 '무리(massa)'는 아담의 타락 후에 주어지는 인류의─역사적인 동시에 신학적인─조건을 의미한다. 따라서 어떤 식으로든 일종의 정치-신학적 패러다임을 구축하는 이 용어가 근대에 동일한 의미로 다시 활용된다는 사실은 그리 놀라운 일이 아니다. 근대의 정치적 범주들은 모두 세속화된 신학적 범주들이라는 칼 슈미트의 논리가 여기서 특별히 분명해지는 것도 바로 이 때문이다. 19세기를 거쳐 1923년 오르테가 이 가세트José Ortega y Gasset가 이 용어의 번복될 수 없는 승리를 진단하게 되는 과정에서, 이 '무리' 혹은 '대중'은 서서히 '민중'을 대체하며 새로운 주권 주체로 부상한다.(물

론 여기서 이러한 정황을 반긴 정치진영이 우파였는
지 좌파였는지, 혹은 어느 편에서든 일종의 긍정적인
현상으로 여겼는지 최악의 재난으로 여겼는지는 전
혀 중요한 문제가 아니다.)

이는 이미 오랜 과거에 일어났던 현상과도 유
사한데, '민중'을 뜻하는 그리스어 demos는ㅡ서양의
정치 전통에서 상당히 중요한 위치를 차지하는 용
어임에도 불구하고ㅡ신약 성서에 거의 등장하지 않
는다. 우리가 demos 대신 마주하게 되는 단어에는
ochlosㅡ즉 175회에 걸쳐 등장하며 라틴어 turba 혹
은 plebs로 번역되었지만 사실상 근대적인 의미의
massa로 옮겨도 이상할 것이 없는 용어ㅡ외에도, '다
수'를 뜻하는 plethos, '군중'을 뜻하며 demos에 비해
좀 더 중립적인 laos가 있다. 그렇다면 '대중'을 뜻하
는 massa는ㅡ즉 '죄인들의 무리(massa peccatorum)'
는ㅡ구원경제의 비정치적 관점에서 민중이 취하는
극단적인 형태라고 볼 수 있다. 이 용어가 19세기와
20세기 사이에 세속화되면서 정치 운동의 새로운 주
체를 가리키는 말로 부상했을 때에도 이 용어에 내포
되어 있는 신학적 기원의 흔적은[한때 '타락한 무리'
를 가리키는 용어였다는 점은] 어떤 식으로든 사라지

지 않았다. 아우구스티누스의 신학에서 악마적인 힘의 소유(possessio perditoris)였던 '타락한 무리(massa perditionis)'는 20세기에 오히려 이 악마적인 힘의 구속에서 벗어나 스스로의 지배력을 입증해야 하는 위치를 점한다. 이것이 바로 오르테가 이 가세트가 사용하는 "대중의 반란La rebelión de las masas"이란 표현의 궁극적인 의미다. 그럼에도 불구하고 이러한 정황을 애초의 신학적인 관점으로 환원시켜 관찰하면, 대중을 해방하려는 20세기의 반복적인 시도들은 실패로 돌아갈 수밖에 없었다는 것이 드러난다. 다시 말해 '저주받은 무리(massa damnata)'의 해방은 정의상 스스로의 힘으로는 불가능하고 오로지 신의 개입을 통해서만 가능하다는 점이 분명해진다. 정치지도자들과 정당들이 고유의 목적 달성을 위해 이용했던 이 '저주받은 무리'가 이들의 손아귀에서 결코 벗어나지 못했던 것도 바로 이 때문이다. 20세기 전체주의의 정치 주체는 결국 수용소와 절멸정책의 공포 속에서 최후를 맞이했다.

2.9. 아우구스티누스의 원죄 교리에서 가장 주의 깊게 관찰해야 할 것은 지상낙원의 의미다. 만약

인간의 자연적 본성이 부패해 나쁘게 변질되었다면, 그리고 이로 인해 원래의 고향에서 쫓겨나 다시 되돌아갈 수 없는 상황에 처했다면, 그렇다면 '희락의 장소situs deliciarum'인 정원의 의미 자체에 의문을 제기하지 않을 수 없다. 멋진 나무들과 '보기에 아름답고 맛도 좋은' 식물들로 가득하고 네 개의 강이 흐르는 에덴의 **정원**은 원래대로 복구될 수 없는 인간의 부패한 본성과 직결되기 때문에 인간의 입장에서는 더 이상 아무런 의미도 없고, 아직 존속한다 해도 그저 쓸모없이 존속할 뿐이다.

이를 아우구스티누스가 분명히 의식하고 있었다는 점은 그가 「창세기」를 해석하는 과정에서 근본적인 변화를 시도할 때 드러난다. 먼저, 원죄 교리가 아직 완성되지 않았을 시기에 아우구스티누스는 『마니교에 맞선 창세기 주석De Genesi contra Manichaeos』이라는 제목으로 「창세기」 해설서를 집필한 적이 있다. 이 책에서 그는 낙원과 이곳의 나무들을 일종의 알레고리로 해석하며 '인간의 지복beatitudo hominis'을 가리키는 형상으로 이해했다. 아우구스티누스에 따르면 "이러한 표현으로, 축복받은 삶의 특징인 정신의 희락까지 비유를 통해 설명된다."[40](II, 9, 12) 이러한 관점에서는 인간의 죄나 낙원에서 쫓겨나는 사건도 인간의 본성을 부패시킨 결정적 요인이나 철회될 수 없는 망명으로 인지되지 않고 오히려 인내와 사랑을 통해 회복될 수 있는 자산으로 인지된다. 라틴어 번역본 성서의 "낙원에서 그를 강등시켰으니(dimisit illum de paradiso)"라는 문장도 아우구스티누스는 이렇게 해석한다.

> '추방(exclusit)' 대신 '강등(dimisit)'이라는 단어를 사용한 것은 적절한 처사였다.… 사실상 인간이 삶의 고난 속으로 강등된 것도 그가 생명나무를 향해 손을 뻗어 영생을 추구할 수 있도록 하기 위해서인 듯 보인다.[41](II, 22, 34)

그리고 인간은 현세의 벌을 감수하는(per tolerantiam temporalium molestiae) 과정뿐만 아니라 사랑을 통해서도(per caritatem) 생명나무에 도달할 수 있다는 결론을 내린다.(II, 23, 26)

하지만 세월이 한참 흐른 뒤 그가 「창세기」를 문자 그대로 해석하며—제목에서부터 분명하게 드러나듯—『문자 그대로의 창세기De Genesi ad litteram』라는 책을 쓸 때, 그의 해석학적 전략에 근본적인 변화가 일어난다. 이 책의 서두에서, 아우구스티누스는 과거에-그러니까 그의 개종 직후에-문자적인 의미로 이해되지 않는 사건들을 비유적인 의미로 해석했지만 이제는 생각을 바꿨다고 밝힌다. "이제는 나도 주님의 뜻대로 이 텍스트들을 더욱더 깊이 관찰하고 더 신중하게 고려해, 이 사실들은 비유가 아닌 문자적인 의미로 서술되었다는 점을 증명해 보이고자 한다."(『문자 그대로의 창세기』 VIII, 2, 5) 사실상 펠라기우스와 논쟁을 벌이고 원죄의 교리를 구축하려는 입장과 일맥상통하는 이 새로운 관점에서 "신이 인간을 데려다 놓은 낙원은 지상의 어느 한 장소에 불과하다. 다시 말해 지상의 인간이 살아갈 수 있는 곳에 불과한 것이다."[42](VIII, 1, 1) 이처럼 성서의 모든 알레고리적인 해석을 의도적으로 거부하는 자세에 주목할 수밖에 없는 이유는 아우구스티누스의 입장에서 그의 스승이나 다를 바 없는 암브로시우스가 바로 알레고리적인 해석의 지지자였기 때문이다. 필론과 오리게네스를 기점으로 시작된 해석 전통의 지대한 영향을 받은 암브로시우스는 '낙원'에서 인간 영혼의 알레고리를 보았고 '생명나무'를 지혜의 이미지로 이해

했다. 반면에 알레고리적인 해석을 거부하는 입장에
서 아우구스티누스는 '눈앞에ante oculos' 펼쳐지는 것
을 간과하지 말아야 한다고 주장하며 이렇게 말한다.

> 인간이 낙원에 들어온 것은 힘겨운 대신 흥겨운 농
> 사를 통해 낙원을 경작하며 수호하기 위해서였다. 이
> 를 위해 그는 자신의 추방으로 이어질 수 있는 특정
> 행위를 범하지 않도록 주의해야 했다. 그에게 지켜야
> 할 규범이 주어진 것도 그의 추방을 막기 위해서였
> 다.(VIII, 10, 22)

아우구스티누스의 텍스트에서 인간의 자연적 본
성이 죄로 인해 부패했다고 보는 관점은 지옥의 필요
성과도 직결된다.『신국론』XXI, 17 이하에서 그가 비
판하는 이들은 바로 오리게네스처럼 신이 지옥이라
는 형벌을 영원히 존속시키지는 않으리라고 생각하
는 사람들, 심지어는 최후의 심판 날에 신이 모든 죄
인을—혹은 적어도 세례 받은 자들, 마지막 순간까지
교회에 충실한 자들, 선의를 베푼 자들만큼은—구원
할 것이라고 보는 이들이다. 이들을 비꼬듯이 '자비
로운 자들'이라 부르며 아우구스티누스는 이렇게 말

한다. "성인들의 영원한 삶에 끝이 없는 것과 마찬가지로, 저주받은 이들의 영원한 형벌에도 분명히 끝이 없을 것이다." 하지만 아우구스티누스가 이에 대한 근거로 제시하는 것은 그저 「마태」 25장 41절의 문장뿐이다. '저주받은 자들아, 내게서 떠나 악마와 그의 충복들을 위해 마련된 영원한 불 속으로 들어가라.' 그가 정작 말하려는 바는 사실 인간의 부패한 본성이 소멸되지 않으며 그것의 완전한 회복도 불가능하다는 것이다. 왜냐하면 인간 본성의 완전한 회복이 가능하다면 원죄의 완전한 탕감도 가능해진다고 보기 때문이다. 바로 그런 이유에서―아우구스티누스에 따르면―인간의 본성은 존재론적으로 양분되어 있다. 한편에는 언제나 텅 빈 상태로 남아 있는 지상낙원과 선택받은 자들을 위해 마련된 천상낙원이 있고, 다른 한편에는 부패한 본성의 영원한 존속을 보장하는 지옥이 있다.

2.10. 아우구스티누스가 분명히 인지했던 대로, 「창세기」 2장과 3장의 내용을 문자 그대로 해석하면 이 구절들은 명령위반을 서술하는 것 외에 아무런 의미도 지닐 수 없으며 바로 이 명령위반이 인간의 본

성을 두 쪽으로 갈라 '낙원'을 복구 불가능한 과거의 사건으로 만들어버린다는 점이 드러난다. 아우구스티누스는 「창세기」 해설서의 11번째 장에서―뒤늦게 추가된 12번째 장의 주제가 바울이 자신을 사로잡았다고 말하는 '낙원'인 만큼―책을 마감하며 결론을 내리려는 순간 마지막 구절 '아담을 쫓아내고 낙원 앞에 케루브cherub를 두어 회전하는 화염검으로 생명나무의 입구를 지키게 했다'를 읽다가 이 문장의 문자적 해석이 주는 의혹을 떨쳐버리지 못하고, "정신적인 낙원에 대한" 알레고리적인 비유를 은근슬쩍 "다시 도입하지 않는 이상"[43](『문자 그대로의 창세기』 XI, 44, 55) 「창세기」에 서술된 **정원**의 모든 것이 '타락'을 제외하면 "쓸모없이 만들어진(frustra factum esse)" 것 같다는 인상을 받는다. 하지만 이 "쓸모없이 만들어진"이란 표현을 사용한 아우구스티누스는 훌륭한 예언자였다고도 볼 수 있다. 왜냐하면 낙원에서 원죄 이전과 이후에 일어난 모든 일의 무용성에 대한 의혹은 신학의 역사에서 빈번히 등장하는 주제였을 뿐 아니라 신학자들의 답변 역시 매번 불충분했기 때문이다. 대표적인 예는 토마스 아퀴나스의 저서 『신학대전Summa theologica』의 다음과 같은 문장이다.

아무도 살지 않는 장소는 무용하다(frustra est locus in quo nullum locatum continetur). 죄가 온 뒤의 낙원은 더 이상 인간이 살 곳이 아니다. 낙원이 인간의 삶에 가장 적합한 장소였다면, 이를 만든 신은 헛수고를 한 셈이다.(Ia, q. 102, a. 2, arg. 3)

아퀴나스는 이런 결론을 내린다. "바로 이러한 관점에서 인간을 향한 신의 자애가 무엇이고 인간이 죄를 지으며 잃은 것이 무엇인지가 분명해진다." 이는 사실 아우구스티누스가 제시한 것보다 더 나을 것도 없는 답변이다. **정원**의 유일한 의미가 인간에게 범죄의 기회를 제공한 것뿐이라면 이를 제외한 정원의 모든 것은 전적으로 쓸모없이 창조된 셈이다. [아우구스티누스와 아퀴나스의 입장에서] 도래할 **왕국**은 인간 역사의 핵심 패러다임인 반면 **정원**은 인간의 역사에서 아무런 의미도 지니지 않는다.

✡ 이러한 각도에서 관찰하면, 아우구스티누스가 펠라기우스를 논박하는 숨은 이유들 가운데 하나가 다름 아닌 **정원**의 실질적인 상태와 직결된다는 점

이 드러난다. 펠라기우스와 첼레스티우스의 의견대로 인간의 영혼이 죄를 범하지 않을 수 있는 가능성을 보존했다면, 그렇다면 인간은 어떻게든 낙원에 머물 때 지녔던 원천적인 정의와의 관계를 여전히 유지하고 있는 셈이다.

아우구스티누스의 입장에서 무슨 수를 써서라도 절연해야 했던 것이 바로 인류가 지닌 이 원형적인 과거와의 관계다. 아우구스티누스에 따르면, 인간의 본성은 아담의 죄로 인해 돌이킬 수 없는 방식으로 부패했고 인간이 시원적 정의와의 관계를 보존하고 있다는 어떤 유형의 주장도 혐오스러운 환영에 불과하다. 반대로 펠라기우스에 따르면, 죄를 짓지 않을 수 있는 가능성이야말로 인류가 창조되는 순간에 얻은 은총이며, 이 은총은 아담이 죄를 지은 후에도 그대로 유지된다.

3. 인간은 아직 낙원에 간 적이 없다

3. 인간은 아직 낙원에 간 적이 없다

3.1. 원죄와 지상낙원에 관한 아우구스티누스의 교리는 결국 교회의 전통을 장악하기에 이르렀지만 중세 사상사를 살펴보면 이와는 상당히 다른 차원의 **정원**을 제시했던 저자들과 저서들이 존재했다. 이 가운데 특별히 주목해야 할 책은 에리우게나(Scotus Eriugena, 800~877)의 『자연의 분류Periphyseon』와 단테의 『신곡Divina commedia』이다. 먼저, 에리우게나의 저서를 구성하는 5권의 책을 살펴보기에 앞서, 이 인물은 레오 스트라우스Leo Strauss가 『박해와 문장 기술 La persecuzione e l'arte della scrittura』에서 모세 마이모니데스Mosè Maimonides와 스피노자를 두고 언급했던 내용이 특별히 잘 어울리는 철학자라는 점에 주목할 필

요가 있다.*

자신이 제시하는 신학 논제들이 충분히 혁신적이라는 점을 분명하게 의식했던 에리우게나는 이 점을 신중하게 모순적이고 모호한 문구들로 은폐하며 무엇보다도 자신이 교회의 전통에 충실하다는 점을 의심하지 못하도록 엄청난 분량의 검증된 인용문들을 텍스트 속에 전략적으로 배치했다. 이러한 특징은 그가 아우구스티누스의 글들을 인용하는 곳에서 아주 분명하게 드러난다. 실제로 에리우게나는 청년기의 저서 『예정론Sulla predestinazione』에서부터 의도적으로 일종의 반-아우구스티누스 신학을 구축하기 시작했다. 그가 『자연의 분류』(803B)에서 "지고한 성자이자 신성한 신학자"라는 표현으로 아우구스티누스에 대한 자신의 충성심을 서둘러 선포하는 것도 사실은 이 때문이다. 에리우게나는 인용문들을 아주 교묘하게 배치해서 아우구스티누스와 자신의 분명한 차

---

*
스트라우스에 따르면, 스피노자나 마이모니데스는 자신들의 의도를 숨기기 위해 겉으로 이질적인 주장을 펼치거나, 일반인들이 충분히 이해할 수 있는 내용처럼 보이지만 실제로는 소수의 독자만이 본질을 깨달을 수 있도록 글을 구성하는 탁월한 전략가들이었다.

이점을 은폐한다. 이러한 전략은 예를 들어 니사Nissa
의 그레고리우스가 대변하는 그리스 신학자들의 견
해와 "아우구스티누스보다 더 권위 있는 학자는 없다
고"(804D) 굳게 믿는 로마 신학자들의 견해를 중도
적인 입장에서 통합하려고 시도할 때 발견된다. 이러
한 전략이 야기하는 긴장감은 에리우게나가 『자연의
분류』 네 번째 책에서 「창세기」 해석을 시도하며 아
우구스티누스를 직접 비판하지 않고서도 그의 원죄
교리를 논박하는 방향으로 나아갈 때 더욱더 팽팽해
진다.

　　이미 세 번째 책에서부터 에리우게나는 「창세기」
의 "신이 가라사대, 물들이 생물을 번성하게 하고 땅
위 하늘의 궁창에 새들이 날게 하라"(1, 20)라는 구절
을 해석하기 위해 플라톤의 철학에서 유래하는 생명
론을 활용한다. 단지 이 이론이 당대에는 아무런 반
향도 일으키지 못했을 뿐이다. 에리우게나가 논박하
는 이들의 견해에 따르면 "세상을 구성하는 요소들,
즉 창공과 별들, 우주와 행성들, 대기와 구름들, 바람,
번개, 폭풍, 그리고 물과 물의 출렁이는 움직임 등에
는 영혼이 없을 뿐 아니라 모든 종류의 생명이 부재
한다."(728A) 이 견해에 맞서 그는 이렇게 말한다.

철학자들 가운데 으뜸가는 플라톤과 그를 지지하는 철학자들은 단순히 세계의 보편적인 생명(generalem mundi vitam)만 존재하는 것이 아니라 몸체를 형성하는 모든 종specie과 모든 몸체가 생명을 지녔다고 말한다. 이들은 이 생명을 '보편적인 영혼' 혹은 '종들의 영혼'이라 불렀다.(같은 곳)

에리우게나는 여기서 '보편적 생명'의 개념 곁에 '생동적 운동(vitalis motus)의 개념을 도입한다. 모든 존재를 파고들며 활성화하는 이 '생동적 운동'은 어떤 피조물도 지니지 않을 수 없는 요소다.

만약… 어떤 실체에도 이를 유지하고 존속케 하는 '생동적 운동'이 부재하지 않는다면, 그리고 자연적으로 운동하는 모든 것이 고유한 '생명의 움직임'을 원리로 지녔다면, 필연적으로 모든 피조물은 '그 자체로 생명이거나 생명에 참여하며 어떤 식으로든 살아 있다는'[44] 결론을 내려야 한다.(728B)

플라톤을 염두에 두었다는 점이 여실히 드러나

는 어조로, 에리우게나는 이렇게 말한다. 이 "지극히 일반적인" 생명을 "현자들은 '세계의 지극히 보편적인 영혼'이라 부르고, 신성한 기운의 연구자들은 '공통된 생명'이라 불렀다."(729A) 이 시점에서 그는 플라톤의 논제를 극단적으로 발전시켜 "공통된 생명"을 '죽음'으로까지 확장시킨다. 어떤 피조물도 생명이 없을 수 없다는 것만 사실이 아니라 실제로는 우리 눈에 죽은 것처럼 보이는 신체들도 생명에서 멀어진 것이 아니다.

이 몸들의 구성과 형성 과정이 생명의 작품이듯, 이들의 분멸도, 다시 말해 생성단계에서 질료였던 요소들의 상태로 되돌아가며 형태를 잃는 과정도 동일한 원리를 따른다. [...] 실제로 신체가 분멸될 때, 생명이란 분멸되는 신체 속이 아니라면 과연 어디에 있겠는가? 생명은 이미 구성된 것으로 구성되지 않고 똑같은 이치에서 이미 분멸된 것으로도 분해되지 않는다. 다시 태어나는 자와 함께 또 태어나는 것도 아니며, 몸에 더해진 것을 부분적으로 분리된 것보다 더 오래 완전한 형태로 살게 하는 것도 아니다. 일부보다 전체 속에서 더 큰 것도, 즉 더 강한 것도 아니며 전체보다 일부 안에서 더 작은 것도 아니다. 우리가 신체의 죽음이라고 부르는 분멸 자체도 사실은 우리 눈에 보이는 질료의 차원에서만 분멸일 뿐, 그 자체로 분리될 수 없고 동일 시점에서 언제나 전체로만 존재하며 시간적으로나 공간적으로 분리되지 않는 자연의 차원에서는 전혀 분멸이 아니다.*(729C)

따라서 인간의 생명도 이러한 정황을 영원히 그대로 유지한다. "인간은 인간이기를 그치지 않는다."[45] 인간은 신체이자 영혼이기에, 언제나 영혼이자 신체일 것이다. "단지 신체 부위들이 서로 분리될 뿐이다."

인간의 몸은 그가 살아 있든 죽어 있든 인간의 몸이다.[46] 이와 유사하게, 인간의 영혼 역시 자신과 하나

---

*

보다 분명한 이해를 위해, 중략되어 있는 문장을 여기에 옮긴다. "땅에 떨어진 씨앗들은 먼저 죽지 않는 한 다시 태어나지 못한다. 이들의 죽음은 질료와 형태의 분멸이다. 이 씨앗들의 잠재력을 활성화하는 생명이 이 잠재력 덕분에 씨앗들을 완전히 분멸되기 전에 활성화한다. 이 생명은 분멸 과정에서 이 씨앗들을 버리는 것이 아니라 이들에게 언제나 붙어 있다. 아니, 이 생명도 분멸되지만 분멸되자마자 곧장, 어떤 시간의 간극도 없이 활성화를—이를테면 씨앗들을 동일한 종으로 다시 불러오기를—시작한다."

인 몸을 다스리든 다스리는 일을 멈추든−감각적으로
는 멈춘 듯 보이지만−몸이 분해된 뒤에도, 한 인간의
영혼이기를 멈추지 않는다.(729D~730A)

에리우게나의 철학에서 '영혼'과 '삶'은 완벽한 동
의어다.

3.2. 이 시점에서 에리우게나는 인간의 삶을 분
석하는 데 집중한다. 생장적인 삶, 감각적인 삶, 지성
적인 삶을 구분하는 아리스토텔레스의 관점을 활용
하면서 에리우게나는 이 세 종류의 삶이 모두 인간
안에 있지만 실제로는 하나의 단일한 힘을 구축할 뿐
이라고 말한다. 이 힘은 일반적인 방식으로 모든 인
간의 신체 안에서 활동할 뿐 아니라 동시에 특별한
방식으로 개개인의 몸 안에서도 활동한다.(733D) 에
리우게나는 전통적인 관점에서 가장 열악한 것으로
인식되던 삶의 형태에 오히려 특별한 관심을 기울이
는 과감한 입장을 취한다. 지성과 감성이 결핍되어
있는 만큼 마치 "생명이나 영혼은 아닌 것"(734C)처
럼 보이는 이 '식물생장적인 삶'을 그는 생동성과 대
조적이라는 점이 부각되도록 '발생단계의 삶germinalis

vita'이라고 부른다.

> 이 자연의 힘(vis naturalis)을 대수롭지 않게 여기는 것
> 은 금물이다. 뿌리(radicitus)로 땅에 묶여 있고 땅에서
> 무한한 수의 싹과 풀의 형태로 태어나는 모든 피조물
> 들에게 양분을 공급하며 이들을 성장케 하는 자연의
> 힘은 고유한 종들 안에서, 개별적인 종들의 유사성에
> 따라, 꽃과 과실과 씨앗의 자연스러운 계승을 실현한
> 다.(734D)

여기서도 에리우게나가 강조하는 것은 자연의
분류를 뛰어넘는 생명의 통일성이다.

> 감각적 우주 안에 있는 모든 신체들은—움직이든 멈
> 춰 있든—생동적 운동에 의해 통합되어(vitali motu
> continentur) 있다.

그렇다면 이 시점에서 에리우게나가 동물들의
영혼이 인간의 영혼처럼 불멸한다고 주장하는 것은
그리 놀라운 일이 아니다.

하나의 영혼과 하나의 신체로 만들어진 존재들의 종류가 단일하며 이를 우리가 '동물'이라고 부른다면, 또 그 이유가 이 범주 안에서 실제로 모든 동물들이 존속하기 때문이라면—인간뿐만 아니라 사자도 소도 말도 이 범주 안에서 매한가지이며 단일한 실체라는 점을(in ipso unum sunt et substantiale unum) 고려하면—어떻게 인간이라는 종만 살아남고 같은 범주에 속하는 다른 모든 종들이 사멸할 수 있겠는가?... 모든 종들이 단일한 속 안에서(in genere unum) 단일한 실체를 구성한다면 어떻게 그 단일한 것이 어느 한 쪽에서는 소멸될 수 있고 또 다른 부분에서는 존속할 수 있겠는가?(737C~738A)

자신의 주장이 학계에서 일종의 스캔들을 일으킬 수 있는 만큼 에리우게나는 그의 논제가 지닌 급진적인 성격을 완화하기 위해 신중을 기하며 이렇게 말한다.

그 누구도 우리가 성인들의 견해를 무시하기 위해 이런 이야기를 한다고는 믿지 말아야 한다. 우리는 오히려 우리에게 주어진 지적 한계 안에서 성인들의 어떤 견해를 타당한 것으로 보존해야 하는지 파악하기 위해 노력할 뿐이다… 우리는 이러한 것들을 지지하지만 어느 누구의 해석도 선입견을 가지고 판단하지 않으며 오히려 독자들이 보다 주의 깊게 탐구하고 진실을 참조한 뒤 좀 더 합리적인 방향으로 나아갈 수 있도록 이들을 설득하고자 한다.(739B)

3.3. 에리우게나는 『자연의 분류』 첫 번째 책에서 '창조되지 않고 창조하는 자연', 즉 만물의 원인인 신을 다루고 두 번째 책에서는 '창조되었고 창조하는 자연', 즉 시원적 원인을, 세 번째 책에서는 '창조되었고 창조하지 않는 자연', 즉 공간과 시간 안에 생성된 만물을 다룬 뒤 네 번째 책에서는 "창조하지도 않고 창조되지도 않은 자연 속으로 되돌아가는 만물의 회귀", 다시 말해 신이 자신 바깥으로 나와 창조에 뛰어들게 되는 과정이 영원한 완성 단계에 도달할 때, 자연이 처음이자 마지막으로 스스로에 대해 취하는 절대적인 내재성을 다룬다. 여기서 에리우게나는 정신을 항해에 비유한다. 저서의 전반부에서 배가 "파도 없는 잔잔한 바다를 난파의 위험 없이" 항해했던 반면 정신은 이제 "배를 산산이 부숴버릴지 모를 숨은

암초와 안개처럼 극도로 촘촘하게 전개되는 해석들로 인해 쉽사리 난파할 수 있는 곳에서, 예측 불가능한 형태로 요동치는 물살을"(743D) 마주해야 한다.

실제로 여기서 문제의 핵심은 인간의 창조와 지상낙원에서의 삶에 관한 「창세기」의 이야기를 재해석함으로써, 아우구스티누스의 문자적인 해석과는 달리 비유적일 수밖에 없는 서술의 궁극적인 의미를 이해하는 데 있다. 에리우게나가 해석의 방향을 유지할 수 있도록 도와주는 나침판은, 이 경우에도, 자연(생명)과 영혼의—'생리학'과 '심리학'의—무조건적인 통일성이다.

여기에는 지극히 일반적이고 모든 사물에 공통될 뿐 아니라 모든 것의 단일한 원리에 의해 창조된 하나의 자연이 있다. 이 자연에서, 마치 거대한 원천에서 솟아나듯, 몸을 지닌 피조물 속의 숨은 경로들을 통해 개별적인 사물들의 물줄기가 다양한 형태로 뿜어져 나온다. 자연의 비밀에서 다양한 씨앗의 형태로 유래하는 이 힘은 먼저 동일한 씨앗 안에서 분출되며, 뒤이어 다양한 체액과 뒤섞이고 끝으로 개별적인 사물 안에서 다시 끓어오른다.(750A)

따라서 살아 있는 모든 생명체들의 종은 단일하다. 에리우게나가 지칠 줄 모르고 반복해서 강조했던 대로 "인간은 보편적인 동물의 종으로 창조되었다."[47](751A)

이는 상당히 위험한 주장이었는데, 왜냐하면 결국에는 다른 생명체들에 비해 인간이 누리는 특권 자체가 문제시 될 수 있었기 때문이다. 에리우게나가 대화자로 등장시키는 인물들 가운데 가장 문제적인 이견들을 제기하는 '학생Alumnus'은 이 시점에서 이렇게 묻는다. 인간이 동물이라는 단일한 종으로 창조되었다면, 따라서 그가 다른 생명체들과 다를 바 없이 완전히 동물이라면, "다른 동물들을 모두 제외하고 인간만 신의 형상대로 창조되었다는 것이 과연 어떻게 가능합니까?"(750C) 에리우게나가 대화자 '선생Nutritor'의 입을 빌려 제시하는 답변은 상당히 예리하다. 겉으로는 인간의 특권을 인정하면서도 결국에는 이 특권을 사실상 무효화하기 때문인데, 에리우게나에 따르면, 신이 인간을 동물이라는 종으로 창조한 것은 인간 안에 자연 전체를 창조하고자 했기 때문이다.(764B) 인간이 우월한 이유는 오로지 모든 생명체들이─물고기와 파충류와 새 등이 모두─인간 안에 있고 인간도 이들 안에 있기 때문이다.

인간이 모든 동물들 안에 있고 모든 동물들이 인간 안에 있기 때문에 인간이 모든 동물보다 우월하다는 것을 모르겠나?(752C)

바로 그런 이유에서, 에리우게나는 상반되는 명제들의 모순 관계를 지혜롭게 활용하며 이렇게 말한다. "우리는 솔직하게 인간이 동물이라고(homo animal est) 말하는 동시에 인간은 동물이 아니라고도 (homo animal non est) 말할 수 있다." 첫 번째 논제가 생명의 분리될 수 없는 통일성에서 비롯되었다면 이 논제의 급진성과 균형을 이뤄야할 두 번째 논리를 뒷받침하는 것은 교회의 전통적이고 상식적인 주제들이다.

이성, 지성, 그리고 내면의 의미 같은 인간의 가장 고차원적인 영역에서.... 그는 동물의 자연적 본성에 내포되어 있는 모든 것을 추월한다.(753A)

하지만 '학생'이, 그렇다면 이는 인간이 두 종류의 영혼, 즉 동물적인 영혼과 신의 형상대로 창조된 영혼을 동시에 지녔다는 뜻이 아니냐고 묻자 '선생'은 단호하게(firmissime teneo) 인간의 영혼은 단일하며 분리될 수 없는 성격을 지녔다고 말한다.

영혼은 도처에서 고스란히 영혼 그 자체라네(tota enim in se ipsa ubique est). 고스란히 생명이며 고스란히 지성이자 고스란히 이성이고 고스란히 의미이며 고스란히 기억이고, 고스란히 몸의 생명과 양분과 보존과 성장을 주관하는 것이 영혼이지.[48](754C)

바로 그런 이유에서, 영혼은 하나의 단일한 실체임에도 불구하고 움직임의 유형에 따라 다양한 이름으로 불린다.

신의 본질 주변에서 움직일 때에는 '정신', '영혼', '지성'이라는 이름으로 불리고, 자연과 창조된 것들의 계기를 고려할 때에는 '이성'으로, 몸의 감각을 통해 감각적인 사물들의 형태를 인지할 때에는 '감성'이라 불린다. 이성적 동물과 유사한 방식으로 양분 섭취와 성장을 위해 몸으로 은밀한 운동을 할 때에는 이를 흔히 '삶'이라 부른다. 하지만 영혼은 이 모든 움직임 속에서 어디서든 이 모든 것의 총체일 뿐이다.(754D)

이 시점에서 에리우게나는 동물적인 것과 신성한 것의 모든 인간적인 차이를 사라지게 만들 논제에 은근슬쩍 '학생'이 동의하도록 만든다. "여하튼 영혼은 고스란히 땅에서 동물의 종으로 만들어졌고 고스란히 신의 형상대로 창조되었습니다."[49](같은 곳) 뒤이어 '선생'은 동일한 논제를 좀 더 분명하게 설명한다. 여기서 에리우게나의 사유가 지닌 새로운 측면이 보다 완성된 형태로 부각된다.

따라서 우리가 다룬 대로, 인간의 자연적 본성이 도처에서 고스란히 그 자체인 만큼 동물 속에서 전적으로 신의 형상인 동시에 신의 형상 속에서 전적으로 동물이라면,[50] 이 때문에 동요하지는 말게. 태초에 창조주가 인간의 자연적 본성 안에 자신의 형상대로 창조한 모든 것은 전부 그대로 남아 있네(totum integrum manet).(761B)

이제 왜 신은 다른 피조물들을 제쳐놓고 인간만 자신의 형상대로 창조하길 원했냐는 '학생'의 질문에, '선생'은 이런 의미심장한 답변을 남긴다. "인정하지. 그건 정말 모르겠네(fateor me omnino ignorare)."(764B)

3.4. 에리우게나는 바로 이러한 전제를 단호하게 고집하는 입장에서 지상낙원과 죄에 관한 상당히 독창적인 해석을 시도한다. 아우구스티누스처럼 신의 창조를 하나의 단일한 사건으로 이해하고 "모든 저서에서, 죄를 짓기 전에 최초의 인간이 지닌 몸은 동물이자 지상적이었다고 주장하는"(803B) 입장에 맞서, 에리우게나는—그레고리우스의 견해와 권위에 호소하며—그 자체로는 단일한 사건인 신의 창조를 두 종류의 순간으로 구분해서 해석한다. 첫 번째 창조에서 창조된 몸은 정신적이자 불멸이었고 "우리가 부활과 동시에 얻게 될 몸과 유사한"(800A) 반면, 두 번째 창조에서는 이 첫 번째 몸에 다름 아닌 인간의 죄로 인해 썩고 사멸할 운명에 처할 몸이 추가된다. 하지만 에리우게나의 예리한 설명에 따르면, 신에게는 "과거도 미래도 이 두 시점 간의 중간 지대도 존재하지 않으며 모든 것이 동시적이기에(ipsi omnia simul sunt)"(808B) 원죄 이전과 원죄 이후에 대해 이야기한다는 것 자체가 무의미하며 이는 시간이라는 범주의 지배하에 놓인 인간의 변화무쌍한 생각을 설명하는 차원에서만 의미를 지닐 뿐이다. 그렇다면 실제로 일어난 일은 무엇인가?

> 실제로 일어난 일은 최초의 인간이 죄를 짓기 전에, 신이 먼저 죄가 초래할 결과를 인간 안에 인간과 함께 창조했다는 것이다. 그래야 인간 안에 창조된 특성들 가운데 몇몇은 신의 선함에서 비롯된 것으로... 몇몇은 범하지 않았을 뿐 이미 알고 있던 범죄에서 비롯된 것으로 인지될 수 있었기 때문이다.(807C)

여기서 죄가 초래한 것들, 예를 들어 지상에서 썩을 수밖에 없는 동물적인 신체와 짐승과도 다를 바 없는 방식으로 번식해야 할 운명과 먹고 마셔야만 생존할 수 있는 조건 등은 아우구스티누스가 생각했던 것처럼 어느 시점에선가 인간의 자연적 본성을 오염시킨 원죄의 결과, 다시 말해 죄에 대한 신의 형벌이라고 보기 어렵다. 이 모든 것은—일종의 숭고한 아이러니와 신의 지혜에 힘입어—어떤 종류의 불경스

러운 사건도 일어나기 전에 창조되었고, 첫 번째 몸
에 추가되는 동물의 몸이지만 두 번째 몸이라기보다
는 변화무쌍하고 썩을 수밖에 없는 일종의 옷에 가까
우며 이 옷이 영적 몸을 사실상 처음부터 언제나 감
싸고 있다.

> 사실상 언제나 하나뿐인 몸이 영혼에 본질적이며 타
> 고나는 형태로 통합되어 인간을 구성한다.(803A)

그렇다면 이 독창적인 교리가 어떤 결과로 이어
지는지 살펴보자. 인간이 죄를 짓기 전에 신이 원죄
의 결과 자체를 창조했고, 이를 동물적인 차원에서조
차 전적으로 신의 형상인 인간 본성의 일부로 창조했
다면, 그렇다면 아우구스티누스가 말하는 원죄의 교
리는 기초에서부터 무너졌다고 봐야 한다. 여기서 에
리우게나는 특유의 교묘한 전략대로, 사실상 자신의
논제에서 이끌어내야 할 파생명제를, 대화자 '선생'이
인용하는 아우구스티누스의 글에서―마치 아우구스
티누스가 먼저 제안했다는 투로―도출해낸다.『신국
론』(XIV, 26)에서 아우구스티누스가 "인간은 낙원에
서 살았다(vivebat)"라고 썼지 '산 적이 있다(vixit)' 또

는 '살았었다(vixerat)'라는 표현을 사용하지 않은 이유는—에리우게나에 따르면—'살다'를 기동동사*의 의미로 사용했기 때문이다.

그러니까 마치 공개적으로 '낙원에서 살기 시작했다'라고 말하듯 쓴 셈이다… 실제로 동사 시제의 의미를 주의 깊게 관찰하는 이들은 이러한 유형의 과거 시제를 기동동사라고 부른다. 실제로 이 동사는 결코 완성되었다고 볼 수 없는 행위의 시작 혹은 전조를 가리킨다.(808D~809A)

이 시점에서 에리우게나가 제안하는 파격적인 논제는 인간이 사실은 낙원에서 산 적이 없다는 것이다. 이는 낙원에 "살던" 아담의 삶을 '살다'의 기동동사적인 의미로, 그러니까 이 동사의 과거형이 아닌

---

*
기동동사verbo incoativo는 어떤 행위나 존재 방식의 시작을 표현하는 동사다. 예를 들어 라틴어 동사 senescere의 뜻은 '늙다'라기보다는 '늙기 시작하다'에 가깝다. 에리우게나는 이러한 차이를 동사의 과거 시제에 적용한다. 원과거(vixit)나 대과거(vixerat) 같은 완료형 시제와는 달리, 비완료형 과거(vivebat)는 어떤 행위의 진행 상태를 표현하는 만큼 기동동사의 역할을 수행한다고 본 것이다.

미래형의 의미로 이해해야 하기 때문이다. 이 경우에도 에리우게나는 아우구스티누스를 소환해 그의 교리와 상반되는 논제를 증언하도록 만든다. 아우구스티누스는 「창세기」 주석에서 악마가 천사들 사이에서 복을 받은 적이 없고 창조되는 첫 순간부터 타락했다고 기록한 바 있다. 그렇다면 이와 유사하게 실제로는 "인간이 낙원에서 자연적으로 창조되었을 뿐 낙원에 머문 적이 없고 어떤 시간의 간극도 발생하기 전에, 어떤 감각적 행위도 실행하기 전에 곧장 진리의 길에서 벗어났다고"[51](812B) 봐도 이상할 것이 전혀 없다. 에리우게나에 따르면 성서 기자가 마치 낙원에서 실제로 일어난 것처럼 서술하는 모든 것은 "원죄 후에, 낙원 바깥에서 일어난 것으로 이해해야 한다."[52](833C)

바로 이 지점에서 숨은 카드를 펼쳐 보이는 에리우게나에 의하면, 일찍이 오리게네스와 암브로시우스가 제안했던 대로, '낙원'은 나무들이 무성한 지상 어딘가의 실질적인 장소가 아니라 인간의 자연적 본성을 빗대어 표현한 일종의 알레고리로 이해해야 한다.

성서 기자가 신의 형상대로 창조된 인간의 본성을 비

유의 형태로 표현한 것이 바로 '낙원'이라는 단어다.
신의 진정한 경작지는 그가 자신의 형상대로 에덴
에 창조한 인간의 자연적 본성이다… 이 경작지의 비
옥한 땅은 불멸의 가능성을 잠재적으로 지닌 신체였
고… 어떤 형태든 취할 줄 아는 이 땅의 물은 썩지 않
는 신체의 감각적 기량이었다.(822A)

하지만 그래서 **정원**이 사실상 인간의 자연적 본
성에 불과하다면, 그렇다면 인간은 자신의 자연적 본
성 안에 한 번도 들어간 적이 없거나 아예 처음부터
나와 있는 셈이다. 인간이 낙원에 들어간 적이 없다
면, 따라서 인간의 죄와 타락에 대해 성서에 기록된
이야기를 낙원 바깥에서 일어난 사건으로 이해해야
한다면, 이는 곧 원죄 사건이 인간의 자연적 본성 바
깥에서 일어난 만큼 인간의 본성도 오염되었을 리가
없다는 것을 의미한다. 에리우게나에 따르면 "희락의
낙원이 신의 경작지라면… 신의 형상대로 창조된 인
간의 자연적 본성은 죄와의 어떤 접촉에 의해서도 부
패되지 않았다고 봐야 한다."(837A)

이보다 더 극단적인 펠라기우스주의는 상상하기
어려울 것이다. 왜냐하면 아담의 죄로 인해 본성이

부패한 만큼 인간은 영구적으로 죄인이 되었다고 보는 아우구스티누스의 교리를 근본적인 차원에서 부정하기 때문이다.

신의 선함이 이에 참여하는 모든 피조물 안에 고스란히 배어 있고 여기에 신의 선함이 모든 피조물 안에 파고드는 것을 막을 만한 악함이나 어리석음이나 무지 같은 것이 없는 만큼, 인간의 자연적 본성은 모든 인간에게 확산되고 그대로 모두에게—이들이 선한 인간이든 악한 인간이든—고스란히 주어진다. 인간의 자연적 본성은 어떤 어리석은 자도 거부할 수 없고 어떤 사악한 자도 독점할 수 없으며 어느 누구의 악습도 부패시키지 못하고 어느 누구의 불결함도 오염시키지 못한다. [인간의 자연적 본성은] 모두 안에서 순수하며, 거만한 자들이라 비대해지는 것도, 비겁한 자들이라 왜소해지는 것도 아니다. 몸이 크다고 해서 더 큰 것도, 작다고 해서 더 작은 것도 아니며 오히려 모두에게 똑같이 주어진다. 선한 자의 본성이 악한 자의 본성보다 더 훌륭한 것도, 악한 자의 본성이 선한 자의 본성보다 열등한 것도 아니다. 어떤 계기로든 완전성을 잃거나 획득하지 못한 신체보다 순수함을

유지하는 신체의 자연적 본성이 더 완전한 것도 아니다.(942C)

인간의 자연적 본성이 죄로 인해 부패되지 않는다는 특징은 그대로 적용되어 신학이 전통적으로 죄에 부여해온 형벌에까지 확장된다.

인간의 자연적 본성은 원래 자유롭고 어떤 죄에도 얽매이지 않으며 그만큼 보편적으로도 자유롭고 어떤 형벌에도 얽매이지 않는다.(943C)

세상의 흐름에 관여하는 판사들이 범죄뿐만 아니라 몸까지 처벌하는 반면 신은 범죄만, 그것도 우리가 "이해하기 어려운 방식으로" 벌할 뿐 자연 자체를 벌하지는 않는다. 결국 "의로운 자들이든 악한 자들이든, 이들의 자연적 본성은 언제나 안전하게 고스란히 오염되지 않은 상태를 유지한다."(946A)

3.5. 동물이라는 종으로 신의 이미지와(즉 낙원과) 유사하게 창조된 인간의 자연적 본성은―바로 이 지점에서 에리우게나의 견해가 지닌 궁극적인 의미

가 드러나는데—처음부터 언제나 인간의 완전한 상태 안에 실재하지만, 그럼에도 인간은 여전히 그 안에 들어간 적이 없거나 처음부터 밖으로 나와 있다. 우리가 '죄'라고 부르는 것이 바로 이 '외출'이며 이것이 실제로는 모든 범죄에 선행하는 행위다. 「누가」 10장 30절의 문장 "어떤 사람이 예루살렘에서 여리고로 내려가다가 강도를 만나…"를 읽으면서 에리우게나는 이를 인간이 낙원에서 '외출'하는, 즉 그의 본성에서 이탈하는 행위의 알레고리로 해석했다.

실제로 성서에 쓰여 있는 것은 누군가가 "예루살렘에 있을 때" 강도를 만났다는 이야기가 아니다. 인간의 자연적 본성이 예루살렘에(즉 낙원에) 남아 있었다면 강도를(즉 악마와 그의 추종자들을) 만나는 일은 없었을 것이다… 이 문장에서 주목해야 할 것은 인간이 악마의 유혹을 받기 전에 먼저 스스로 쓰러진다는 점이다. 실제로 중요한 것은, 악마가 인간을 죽도록 때리고 그의 옷을 벗기는 사건이 낙원에서 일어나지 않고, 인간이 자신의 뜻대로 낙원의 행복을('평화의 기초'를 의미하는 '예루살렘'을) 걷어차며 여리고로(즉 세상으로) 향했을 때 일어났다는 점이다.(811C)

에리우게나에 따르면, 어떤 죄가 인간의 자연적 본성 자체를 부패시킬 수 있는 가능성은 존재하지 않는다. 왜냐하면 처음부터 언제나 본성에서 벗어나 하락하려는(descendens) 것이 인간의 기본적인 성향이기 때문이다. '악'은 이 '하락'이며 따라서 어떤 유형의 자연적 원인도 지니지 않는다. 악의 유일한 원인은 의지다.

죄는 자연적이지 않으며 의도적이다(non enim peccata naturalia sunt, sed voluntaria). 모든 죄는 천사나 인간이 지닌 고유의 퇴폐적인 의지와(propria perversaque voluntas) 일치한다. 하지만 이 퇴폐적인 의지의 원인은 이성적 피조물의 자연적 움직임 속에서는 발견되지 않는다. 선이 악의 원인일 수 없는 만큼. 악은 어떤 원인도 어떤 자연적 계기도 지니지 않는다.(944A)

스피노자의 교리를 연상케 하는 직관적인 어조로, 에리우게나는 "사건들의 자연적인 범주에 실재하지 않는" '악'을 어떤 실체로 간주하는 대신 "내면적 힘의 결핍(intimae virtutis defectus)"(944A)으로 이해한다. '악'은 그저 인간의 자연적 본성 안에 내재하는 '선'의 남용에서만(praeter naturalibus bonis abusionem) (975B) 비롯될 뿐이다. 따라서 처벌 대상은 자연의 움직임이 아니라 의지의 움직임이다.

> 자연의 움직임은 도처에서 자연 자체에, 그리고 여기에 참여하는 모든 이들의 존재에 기초하며, 지고한 선의 안전하고 완전한 참여, 선하고 무사하며 오염되거나 썩지 않고 불변하는 참여를 통해 전개된다. 지고한 선의 참여는 어디서든 복되고 이를 추앙하는 선민들을 통해 영광을 누리며 저주받은 이들 안에서조차 최상의 상태를 유지한다. 이는 이들의 본질적인 자산마저 허무하게 무산되는 것을 막을 수 있도록, 이들 역시 이 참여의 움직임 속에 포함되어 있기 때문이다.(944B)

3.6. 그렇다면 이제 에리우게나가 '지상낙원'에 부여하는 독특한 위상에 대해 살펴보자. 에리우게나에 따르면, 지상낙원은 인간의 자연적 본성과 다를 바 없기 때문에 태초부터 언제나 존재했을 뿐 아니라, 반드시 어떤 실질적인 공간의 형태로 존속해야

할 필요가 없을 뿐 존재하기를 결코 멈추지 않을 것이다. 그럼에도 인간은 아직 고유의 자연적 본성에 접근한 적이 없고, 또 그 이유가 고유의 자산을 남용하며 본성을 일찍부터 완전히 포기했기 때문이기에 결국에는 모든 사물이 이들의 원천으로 환원될 때 본성의 상태로 되돌아가기 마련이다. 낙원은—즉 인간의 자연적 본성은—인간이 진정한 의미에서 한 번도 가본 적이 없는, 하지만 언젠가는 되돌아가야 할 곳이다. 이 회귀는 시간적인 의미로 이해할 것이 아니라 언제나 이미 일어난 일로, 다시 말해 회귀와 외출은 함께 이루어진다는 차원에서 이해해야 한다. 그렇다면 16세기에 이르러서야 인문주의자들이 다루게 될 일종의 '위험천만한' 논제를 에리우게나가 일찍이 『자연의 분류』 두 번째 책에서 정식화할 수 있었다는 것은 그리 놀라운 일이 아니다. 이 위험한 논제란 낙원이 사실은 지상 세계와 크게 다르지 않다는 것이다. 왜냐하면 시원적 원인들의 차원에서 이 공간들의 기반은 단 하나이기 때문이다.

낙원은 살 곳의 크기나 공간을 기준으로는 지상 세계와 구별되지 않으며 오직 살아가는 방식의 상이성

과 지복의 차이를 기준으로만 구별된다. 최초의 인간
도 죄만 짓지 않았다면 지상에서 행복하게 살 수 있
었을 것이다. 왜냐하면 시원적 원인들의 차원에서 지
상 세계의 기초와 낙원의 기초는 단 하나이기 때문이
다.(538B)

바로 그런 이유에서 에리우게나는 이렇게 말한
다. "마치 거대하고 행복한 신전에 들어가듯, 모든 인
간이 각자의 분량대로 낙원에 들어갈 것이다."(982B)
이 신전은—즉 인간의 자연적 본성과 지상 세계는—
인간이 언제나 이미 존재하는 곳임에도 결코 들어간
적이 없는 곳이며, 동시에 신이 사는 곳이기도 하다.

실제로 신은 인간과 천사의 자연적 본성이라는 영역
과 다른 곳에서는 살지 않는다. 진리를 관조하는 기량
도 인간과 천사에게만 주어진다.(982B)

특이하게도 인간의 본성에 대한 신학적 성찰의
양태는 지상낙원의 의미와 시원적 위반의 현실에 대
한 신학적 성찰의 내용과 일치한다. 실제로 신학자들
은 '인간의 자연적 본성'이라는 개념 자체를 '원죄'와

의 밀접한 연관성 속에서 탐구했다. 이들이 말하는 인간 본성의 본질적인 모호함도 바로 '원죄' 개념에서 비롯된다. 역사적으로 라틴 교회에서 우위를 점한 아우구스티누스의 신학 전통에서 인간의 '자연적 본성'과 '죄'는 분리될 수 없는 형태로 결속되어 있는 반면 '자연적 본성' 자체는 이미 잃어버린 '시원적 본성natura originaria'과 '타락한 본성natura lapsa'으로 돌이킬 수 없이 분리되어 있다. 바로 그런 이유에서 아우구스티누스는 '낙원'을 역사적 현실 속의 구체적인 장소로 이해했다. 다시 말해 그의 입장에서는 신이 인간을 들여보냈지만 죄로 인해 그의 본성이 오염되는 순간 영원히 쫓겨난 장소가 바로 '낙원'이다. 이제 '낙원'은, 정확하게 타락 이전 상태의 자연적 본성처럼, 접근이 영원히 불가능해진 장소다. 왜냐하면 몰래 들어오려는 인간을 막기 위해 천사가 화염검으로 문을 지키는 곳이 되어버렸기 때문이다. 치유될 수 없는 형태로 썩어버린 시원적 본성을 어떤 식으로든 회복할 수 있는 유일한 가능성은—아우구스티누스가 원했던 대로—이제 교회에, 즉 교회가 성사를 통해 주재하는 역사와 구원의 경제학에 맡겨지며, 또 다른 유형의 낙원에, 즉 최초의 낙원과는 달리 오로지 선

택받은 자들을 위해서만–결코 현재가 아닌 미래에–
준비된 천상의 낙원에 의탁된다. 반면에 인간의 부패
한 본성은 계속해서 지옥에 머물며 영원한 형벌을 받
는다.

이와는 달리 에리우게나가 말하는 상이한 유형
의 낙원은–즉 인간의 자연적 본성은–죄와는 전적
으로 무관하며, 「창세기」에 서술된 인간의 타락도 낙
원 바깥에서 일어난 사건으로 이해해야 한다. 여기서
관건은 구원의 역사가 아니다. 왜냐하면 인간의 본성
은 원래부터 언제나 무사하기 때문이다. 낙원은–즉
모든 형태의 생명은–한 번도 상실된 적이 없으며 언
제나 원래의 자리에, 이를 계속해서 남용하는 인간의
행위 속에서조차, 선의 순수한 원형으로 남아 있다.
인간은 어떤 식으로든 이를 부패시키지 못한다. 천상
의 낙원이란 사실 인간이 아직 들어가지 못한 지상낙
원과 다르지 않으며, 순수하고 오염되지 않은 상태로
태초부터 인류를 기다리고 있는 시원적 자연으로 회
귀해야 한다는 의미를 지닌다.

4. 신성한 숲

4. 신성한 숲

4.1. 주지하다시피 '지상낙원'과 '마텔다Matelda와의 만남'은 단테의 『신곡』에서 핵심적인 역할을 하는 주제들이다. 파스콜리Giovanni Pascoli에 따르면, 단테는 다름 아닌 '경이로운 **정원**'을 바라보며

그의 마텔다를, 자신의 예술을, 자신의 시를 발견한다. 그의 시는 밀림에서 숲으로, 숲에서 낙원으로 이어진다. 단테의 시는 이 숲을 중심으로, 그러니까 그 자체로 활동적인 삶과 관조적인 삶을 통합하는 마텔다를 중심으로 펼쳐진다.(Pascoli, p.539)

하지만 이처럼 시적 동기와 신학-철학적 동기가

긴밀하게 교차된다는 점이 단테의 가장 중요한 특징임에도 불구하고 이에 대한 학자들의 해석은-몇몇 경우를 제외하면-터무니없이 부족한 것이 사실이다. 마텔다가 시적 창작의 산물이라는 점이 분명한데도 해석자들은 거의 예외적으로-고질적인 가십의 형식에 따라-마텔다를 마치 동명의 실제 인물인 것처럼, 예를 들어 어떤 연관성도 없는 카노사Canossa의 마틸데Matilde 공작부인으로, 혹은 정말 아무런 이유 없이 베네딕투스 수녀회의 마틸데 하켄본Hackenborn과 마틸데 마그데부르크Magdeburgo로 소개하거나 이도저도 아닐 경우 간략하게 "가냘픈 피렌체 여인"이란 표현으로 수식한다. 하지만 이 경우에도 단테의 생각들은 끊임없이 동시대 신학자들의-특히 토마스 아퀴나스의-관점과 연결된다. 안타깝게도 단테의 가장 예리한 해석자들 가운데 한 명인 찰스 싱글턴Charles Singleton은 '지상낙원'과 '마텔다'를 중점적으로 다룬 분명히 유용한 책을 썼음에도 불구하고 단테는 자신의 이론을 창의적으로 구축한 것이 아니라 그저 받아들였을 뿐이라고 진지하게 주장한다. 물론 이는 단테가 "당대의 사유와 교리 속에 이미 존재하는 개념들을"(Singleton, p.25) 활용했다고 보았기 때문이

다. 하지만 싱글턴은 마치 단테의 두뇌가—자신을 명
확히 철학자로 정의하는 데 집착하기까지 했던 인물
인데도—독창성, 창의력, 일관성의 측면에서 토마스
아퀴나스를 포함한 당대의 스콜라 철학자들보다 더
뛰어났을 리는 없을 뿐 아니라, 창작inventio은 시 쓰
기의 일부가 아니며, 만약 그렇다고 해도 시 쓰기는
다른 이들이 고안해낸 생각들을 고작해야 수사적으
로 장식하는 쓸모없는 과제에 불과하다고 말하는 듯
이 보인다.

　　하지만 싱글턴의 견해와는 달리, 단테의 독창성
과 창의력은 무엇보다도 그가 지상낙원에 있는 "고대
의 밀림"을 묘사하는 곳에서 분명하게 부각된다. 단
테는 전통적인 수식어들의 몇몇 요소들을 수용할 뿐
전통과는 상당히 거리가 먼 해석을 시도한다. 따라
서 실제로는 그가 전적으로 새로울 뿐 아니라 심지어
는 이단적일 수도 있는 이미지를 창출했다고 볼 수
있다. 「창세기」 2장 10~14절에 언급되는 4대강 비손,
기혼, 티그리스, 유프라테스는—모든 묘사들의 핵심
적인 요소임에도 불구하고—단테의 작품에서 자취를
감출 뿐 아니라 심지어 두 개의 다른 강으로 대체된
다. 이 강들은 레테Letè와 에우노에Eunoè*라는 이름으

로 불리며 '무고함innocenza'을 향한 단테의 여정에서 중요한 역할을 한다. 아울러 단테의 작품에서는 「창세기」 저자가 전혀 언급하지 않는 4개의 별들이—혹은 님프들이—에덴동산에서 반짝이며 빛을 발한다. 게다가 전통적으로는 아무도 살지 않거나 엘리야와 에녹만의 잠정적 거주지로 알려졌던 **정원**에 놀랍게도 한 여인이 살고 있다. 사랑에 빠져 춤을 추며 노래하는 이 여인을 단테는 이렇게 묘사한다.

"한 여인이 홀로 길을 걷는데 길목마다 널려 있는 꽃송이들을 꺾으며 노래를 부른다."[53](「연옥」 28, 40~42) "사랑에 빠진 여인처럼 노래를 흥얼거린다."[54](29, 1) 이 소녀와의 만남은 사랑의 만남으로 묘사된다. 이는 단테가 에로스의 화살에 찔린 비너스의 "눈썹 밑에서"(28, 64~66) 반짝이는 것과 동일한 빛을 소녀의 눈에서 목격했기 때문이기도 하지만, 무

---

*

에우노에Eunoè는 단테가 지상낙원의 두 개의 강 중 하나에 직접 붙인 이름이며 그리스어로 선행을 뜻하는 부사 eu와, 정신을 뜻하지만 단테가 기억의 동의어로 활용하는 nous의 합성어다. 문자 그대로 '선행의 기억'이란 뜻이다. 망각의 강 레테Letè가 죄의 기억을 삭제하는 반면 에우노에는 인간이 지상에서 실천한 선행의 기억을 더욱 생생하게 만든다.

엇보다도 단테 역시 자신을 헤로의 연인 레안드로스에(28, 73~75) 비유하며 동일한 사랑으로 불타오르는 듯 보이기 때문이다. 학자들이 주목했던 대로, 이러한 설정은 곧장 파스토렐라pastorella, 즉 들녘을 배회하는 시인이 사랑에 빠진 한 소녀와의 만남을 묘사하는 서정시 양식을 떠올리게 한다. 이러한 해석이 설득력을 지니는 이유는 **낙원**에 거주하는 여인의 묘사가―'홀로 길을 걸으며 사랑에 빠진 것처럼 노래를 부르는'이란 표현이―단테는 모를 리 없을 귀도 카발칸티Guido Cavalcanti의 파스토렐라 '숲 속에서 만난 소녀'의 거의 동일한 구절, "홀로 외롭게 숲 속을 거닐며, 사랑에 빠진 듯 노래하는"[55]을 의도적으로 상기시키는 듯 보이기 때문이다.

이러한 특징이 곧 '마텔다'는 '고귀한 사랑amore cortese'*의 알레고리로 읽어야 한다는 것을 뜻하지 않는다 하더라도, '마텔다'가 사랑의 서정적 세계와 깊은 연관성이 있다는 점만큼은 분명하기 때문에 단테의 에피소드가 "기저에 스틸노보Stil novo** 양식을" 지녔다고 본 학자들의 해석은 적절했다고 볼 수 있다. 하지만 잊지 말아야 할 것은, 단테 자신이 『향연Convivio』에서 집요하게 강조했던 대로, 비너스의 창공을 움직이는 **지성**들이 "이곳 아래의 영혼들"(II, 5, 13)에게 불어넣는 '사랑'은 철학 및 철학에서 오는 행복과 분리될 수 없다는 사실이다. 이는 이를테면 "사랑이 **철학**의 형식이기"(III, 13, 10) 때문이다.

4.2. 그렇다면 잠시나마 모든 해석적 가설을 제쳐놓고, 단테 자신이 우리에게 직접적으로든 간접적으로든 말하는 바에 집중하는 것을 일종의 규칙으로 삼아도 무방할 것이다. 실제로 단테는 '지상낙원'

*

'고귀한 사랑amore cortese'은 중세 말기에 서사적 기사 문학 분야에서 주로 귀족들의 궁정을 문학적 배경으로 발전한 장르이며, 공주와 상대적으로 신분이 낮은 기사 간의 거의 불가능한 사랑을 내용으로 다룬다. 현실적으로 충족될 수 없지만 바로 그런 이유에서 이상화되고 고귀해지며 정신적으로 승화되는 사랑을 노래한다. 고귀한 만큼 강렬해지기 때문에, 사랑받는 여인은 거의 신성한 존재로 추앙된다.

**

스틸노보Stil novo 혹은 돌체 스틸노보Dolce stil novo는 1200년대 중반에 시작되어 페트라르카가 등장할 때까지 이탈리아의 문학을 주도한 시문학 사조다. 문자 그대로 감미롭고(dolce) 새로운(novo) 양식이란 뜻을 지녔다. 왜냐하면 운율과 주제의 측면에서 혁신적이었을 뿐 아니라 전적으로 새로운 '사랑'과 '여인' 개념을 도입했기 때문인데, 스틸노보에서 사랑받는 여인은 거의 천사에 가까울 뿐 아니라 정신적 완성에 필수적인 인도자로 간주된다.

이 그에게 무엇을 의미하는지 아주 분명하게 밝힌다. 『군주제De monarchia』의 한 문장에서 그는 자신의 핵심 사상 가운데 하나인 '두 가지 지복' 이론을 제시하며 이렇게 말한다.

헤아릴 수 없는 조물주의 섭리가 인간에게 추구해야 할 목표로 부여한 것은 두 가지, 즉 유한한 삶의 지복과 영원한 삶의 지복이다. 전자의 본질은 인간이 자신의 기량을 발휘하는 데 있고, 이 지복을 표상하는 것이 바로 지상낙원이다. 반면에 후자의 본질은 신을 관조하는 기쁨에 있다. 물론 인간 고유의 기량만으로는, 즉 신성한 깨우침의 도움 없이는 신을 관조하는 단계에 도달하지 못하지만 두 번째 지복의 이해를 돕기 위해 주어진 것이 바로 천상의 낙원이다.[56](『군주제』 III, 15, 7)

지상낙원은 단테가 『향연』에서 '문명사회적'이라고도 부르는 지복의 한 형상 또는 알레고리다. "인간의 본성이 지닌 지복은 하나가 아니라 둘이다. 하나는 문명사회적 삶의 지복이고 다른 하나는 관조적 삶의 지복이다."(II, 4, 10) 이 '문명사회적'이라는 특징이 중요한 이유는―이에 대한 학자들의 침묵에도 불구하고―지상낙원의 에피소드가 단순히 단테라는 인물 개인의 삶과 연계되는 것으로 그치지 않고 인류 전체와―단테가 『군주제』에서 말하는 '인간 문명사회 humana civilitas'(I, 3, 1)와―연관되는 만큼 즉각적으로 정치적인 의미를 지니기 때문이다.

이처럼 '개인'과 '집단'의 차원이 촘촘하게 뒤엉켜 있는 만큼 이를 검토하되 이들의 병행 관계도 항상 염두에 두어야 할 필요가 있다. 먼저 주목해야 할 것은 『신곡』에서 단테의 여정을 조금만 주의 깊게 살펴보면, 「지옥」의 서두에서 단테가 길을 잃었던 "어두컴컴한 밀림"과 **정원**에 있는 "고대의 밀림"이 독특한 연관성을 지녔다는 점이다. 놀랍게도 낙원의 숲은 첫 번째 숲보다 덜 어둡지 않다. 낙원의 숲 역시 "햇빛도 달빛도 침투해 들어오지 못할 만큼 짙은 어두움 속에"[57](「연옥」 28, 32~33) 갇혀 있다. 게다가 단테는 낙원의 숲에 발을 들여놓자마자 「지옥」편 서두의 한 구절을 마치 그대로 반복하는 듯이 보인다. 지옥의 숲에 들어갈 때 "어떻게 들어왔는지 해명할 길이 없었으니(Io non so ben ridir com'i' v'intrai)"(「지옥」 1, 10)라고 말했던 것처럼 낙원의 숲에 들어가면서도 단테는

"어디로 들어왔는지 더 이상 볼 수 없었으니(ch'io non potea rivedere ond'io mi 'ntrassi)"(「연옥」 28, 24)라고 말한다(여기서 동사 rivedere와 ridire의 유사성에 주목할 필요가 있다. 둘 다 의미심장하게 무언가 앞서 보았고 언급했던 것을 가리킨다).*

아울러 시인 단테가 '어두컴컴한 밀림'에 발을 들여놓을 무렵 그의 생각을 무디게 만들었던 졸음도 '지상낙원'의 문턱에 와 있는 그를 다시 엄습한다. 단지 이번에는 졸음이 어떤 전조로 가득할 뿐이다. "얼핏 잠이 들었는데, 가끔 일어나듯, 무슨 일이 있기도 전에 이를 미리 보여주는 그런 잠이었다."[58](「연옥」 27, 92~93) 한편으로는 관건이 대조적인 측면을 보여주는 것인데도, 형용사를 똑같이 세 번씩 사용했다는 점이 낙원의 숲과 지옥의 숲 사이에는―"신성하고 무성하며 생생한 숲(La divina foresta spessa e viva)"(「연옥」 28, 2)과 "야생의 무시무시하고 가혹한 숲(esta selva selvaggia e aspra e forte)"(「지옥」 1, 5) 사이

---

*

여기서 rivedere와 ridire는 문자 그대로 '다시 보다'와 '다시 말하다'는 뜻을 지녔다.

에-결코 간과할 수 없는 연관성이 실재한다는 것을 분명하게 보여준다.

단테는 이 두 밀림이 실제로는 하나의 동일한 숲이라고, 단지 때로는 가혹함과 죽음의 장소로, 때로는 감미로움과 생명의 장소로 나타날 뿐이라고 말하려는 듯이 보인다. 이 밀림은 "너무 가혹해서 거의 죽음에 가까운(Tant'è amara che poco è più morte)"(「지옥」1, 7) 곳이기도 하고 "감미로운 기운"이 감도는 "무성하고 생생한(l'aura dolce... spessa e viva)"(「연옥」 28, 1~2) 곳이기도 하다. 달리 말하자면, 『신곡』의 서두에서 단테가 길을 잃었던 밀림은 단테가 다시 돌아오게 될 **정원**과 동일하다. 결과적으로 지상낙원이 우리가 지상에서 살아가며 추구하는 '지복'의 한 형상이라면, 이는 곧 인간 단테가-그리고 그와 함께 인류 전체가-길을 잃었던 것이 지상에서 그에게 삶의 목적으로 주어진 '행복' 안에서였다는 것을 의미한다. 그렇다면 낙원의 문턱에 도달한 단테에게 베르길리우스가 주는 알쏭달쏭한 조언도-"이젠 그대의 희락을 그대의 인도자처럼 따르라"[59](「연옥」 27, 131)는 말도-과연 어떤 맥락에서 이해해야 하는지 분명해진다. "그대의 판단력이 공평하고 바르며 건전하니"[60](「연옥」

27, 140)라는 스승의 말대로 단테의 지성이 다시 바른 길로 들어선 만큼, 이제 단테를 인도하는 것은 처음에 길을 잃었던 곳과 동일한 희락의 세계다. 그의 입장에서 '지성'과 '사랑'이 분리될 수 없는 것이라면, 그렇다면 시인 단테는 자신이 쓰는 시의 질료와 동일한 사랑의 지복 안에서 길을 잃은 셈이다(이는 왜 학자들이 **정원**에 대한 단테의 묘사 방식에서 기저의 스틸노보 양식을 발견할 수 있었는지 설명해준다). 사랑의 지복 안에서 길을 잃었던 것처럼 단테는 동일한 지복 안에서─다시 말해 이를 표상하는 지상낙원에서─길을 되찾는다.

4.3. 지복의 본질은, 앞서 인용한 『군주제』의 문단에서 단테가 아리스토텔레스의 정의를 토대로 분명하게 밝히듯이 "고유의 기량을 발휘하는 데" 있다. 이 고유의 기량이 발휘될 수 있을 뿐 아니라 사랑과 내밀하게 결속되어 있다는 점을 그는 『향연』의 한 문장에서 다름 아닌 "인간적인 행복과 그것의 감미로움에 대해"(IV, 21~22) 논하면서 분명하게 밝힌다. 여기서 단테가 제시하는 것은 "그리스인들이 '호르멘 hormen'*이라 부르며... 신성한 은총에서 솟아나는...

자연적 본능"의 이론이다. 에리우게나의 철학에서처럼 이 본능은 원래 "고스란히 자연에서 유래하는 것"과, 다시 말해 살아 있는 모든 생명체를 자기 사랑의 단계로 이끄는 생명력과 크게 다르지 않다. 하지만 뒤이어 이 본능은 "그것이 발휘되는 과정에서" 스스로의 가장 우수한 부분을, 즉 '영혼'과 '이성'을 더욱더 사랑하는 방향으로 나아간다.

> 따라서 사랑의 열매라고 봐야 할 사랑의 대상을 활용할 때 우리의 마음이 언제나 기쁜 것처럼, 우리가 무엇보다도 사랑하는 것에서 무엇보다도 기쁜 용도를 발견할 때 영혼의 활용 역시 무엇보다도 기쁘게 느껴진다. 우리에게 무엇보다도 기쁜 것, 그것이 바로 우리의 행복이자 지복이다.(『향연』IV, 22, 9)

'지상낙원'이 지상에서의 행복을 표상하고 이 행

스토아 철학에서 주로 기세, 충동, 욕구 등을 가리키는 용어였지만 키케로의 독자였던 단테는 이를 자연적 영혼의 '본능'으로 이해했다.

복이 자신의 기량을 발휘하는 데 있다면 이 행위는
"사랑하는 것을 활용하는" 행위이며, 본질적으로는
사랑의 행위다. 단테가 지상낙원에서 사랑에 빠진 여
인을 만나는 것도 이 때문이고, 에덴의 행복을 상징
하는 마텔다가 '사랑'과 관련이 깊은 것도 같은 이유
에서다. 시인 단테가 길을 잃었던 "어두컴컴한 밀림"
역시 사랑의 숲이었고, 뒤이어 "신성한 숲"에서도 그
는 동일한 사랑을 다시 경험한다.

4.4. 단테는 '지상낙원'이 지상에서의 지복을 표
상한다는 점만 강조하지 않고 마텔다의 입을 빌려,
「창세기」에 나오는 **정원**과 세속 시인들이 칭송하던
'황금시대' 사이에는 독특한 연관성이 있다고 주장한
다. 사랑에 빠진 여인 마텔다가 낙원의 모습에 대해
이야기한 뒤 덧붙이는 '부연 설명'에 따르면 "고대에
황금시대와 그 행복했던 시절에 대해 시를 썼던 이들
은 아마도 파르나소스에서 바로 이 곳을 꿈꾸었을 것
이다."[61](「연옥」 28, 139~141) 낙원과 황금시대의 이러
한 상응 관계는 단테가 앞서 황금시대를 언급한 바
있기 때문에 더욱 의미심장하게 다가온다. 단테는 베
르길리우스가 『전원시Ecloga』 제 4편에서 '사투르누

스의 왕국Saturnia regna'이라 부르며 도래까지 예언했던 '황금시대'를 직접 언급할 뿐 아니라 베르길리우스와 대화하는 스타티우스의 입을 빌려 베르길리우스의 시 구절들을 거의 문자 그대로 인용한다. "이렇게 말하셨죠. '시대가 혁신적으로 뒤바뀐다. 인류의 시원적 시대와 정의가 돌아오고, 새로운 혈통이 하늘에서 내려온다.'"[62](「연옥」 22, 70~72) 한편으로는 『신곡』과 거의 같은 시기에 쓰인 정치 논고 『군주제』에서 그가 '정의Giustizia'를 주제로 다루다가 베르길리우스의 『전원시』를 다시 인용하며 황금시대를—"황금시대라고도 부르던 최상의 시절"[63]을—언급한다는 점도 위의 문구 못지않게 중요한 의미를 지닌다.

더군다나 세상은 정의의 힘이 가장 우세할 때 최상의 상태를 유지한다. 바로 그런 이유에서 베르길리우스는 당대에 도래하는 듯 보이던 시대를 칭송하려는 의도로 그의 『전원시』에서 이렇게 노래했다. "이제 처녀가 돌아오고 사투르누스의 왕국이 돌아온다." 그러니까 한때 아스트레아*라고도 불리던 '정의'를 처녀라 부르고, 황금시대라고도 불리던 최상의 시대를 사투르누스 왕국이라 불렀던 것이다.(『군주제』 I, 11, 1)

우리가 이 상응 관계를 진지하게 받아들인다면
—물론 그러지 말아야 할 이유도 없겠지만—이는 곧
지상의 지복을 표상하는 '지상낙원'이 단테에게는 인
간의 본성이 지닌 시원적 '정의', 즉 고대인들이 아스
트레아라는 소녀(처녀자리)의 형상을 통해 헤아리던
'정의'의 공간이기도 했다는 것을 의미한다. 바로 이
점에 주목했던 싱글턴도 마텔다를 시원적 정의가 의
인화된 인물로 보았는데, 이는 사실—단테가 마텔다
를 구체적으로 '처녀'에 비유하는 만큼(「연옥」 28, 57)—
얼마든지 가능한 해석이다. 하지만 우리가 잊지 말아
야 할 것은 관건이 상당히 복합적인 창작의 산물이며
단테가 '마텔다'라는 형상에—베아트리체에게 그랬던
것처럼—놀랍도록 풍부한 구상적 이미지를 부여한다
는 점이다. 어떤 경우에든 이 형상의 가능한 의미들,
예를 들어 지상의 지복, 이 지복의 실현에 기여하는

* 아스트레아Astrea는 그리스 신화에 나오는 여신이자 정의를 상징하는 처녀자리의 이름이다. 무고함과 순수함을 상징하며 황금시대에 지상에 내려와 정의와 선한 감성을 널리 퍼트렸지만 인간의 부패와 퇴화에 지친나머지 하늘로 되돌아가 처녀자리가 되었다.

사랑의 실천, "인간의 본질"에 좌우되는 자연적 정의 같은 의미들은 서로 긴밀하게 연계되어 있다.

4.5. 『군주제』 같은 정치 논고에서 단테가 '동정녀'와 '황금시대'를 언급한다는 점은 '마텔다'와 '지상낙원'이 당연히 정치적 의미도 지닌다는 것을 암시한다. 실제로 이 논고의 서두에서 단테는 인류의 목적이 무엇인가라는 질문을 던진 뒤―우리가 지금까지 이해한 바와 일관되게―이 목적이 "어떤 인간적 보편주의의 고유한 활동"[64](『군주제』 I, 3, 4)에 있다고 말한다. 인간의 자연적 본성을 결정짓는 것은 식물처럼 단순히 살아 있다는 점도, 동물 역시 갖춘 이해력을 지녔다는 점도, 혹은 천사들처럼 언제나 활동적인 지성을 지녔다는 점도 아니며, 오히려 인간이 잠재적 지성*을 통해―즉 "생각할 수 있는 가능성 또는 잠재력을 토대로"[65](같은 책, I, 3, 6)―이해한다는 사실이다. 그런 의미에서 "인류 고유의 활동은 항상 잠재적 지성의 잠재력을 전부 실천에 옮기는 데 있다."[66](같은 책, I, 4, 1)

단테는 아베로에스의 철학을 토대로 보편 군주제의 필요성을 추론해낸다. 다시 말해 잠재적 지성의

잠재력은 어느 한 사람이나 특정 도시의 기량만으로
는 발휘될 수 없기 때문에 인류의 다중성이 요구된다
고 본 것이다. 단테에 따르면, "이 잠재력이 단 한 사
람이나 특정 공동체의 힘만으로 한 순간에 모두 행위
로 집약되기 어려운 만큼 인류에게는 이 잠재력을 전
부 활성화할 수 있는 다중이 필요하다."[67](같은 책, I, 3,
8) 아울러 인류가 추구하는 목적의 실현이 행복의 실

*

잠재적 지성은 아리스토텔레스와 아베로에스가 구분하는 능동적 지성과 수동적 지성 가운데 후자를 가리키는 또 다른 표현이다. 능동적 지성은 개념을 판단하고 조합하는 데에 쓰이는 반면 수동적 지성은 개념을 획득하는 데 쓰인다. 능동적 지성은 지각 가능한 대상을 질료로부터 추상적으로 분리시켜 수동적 지성에 새겨 넣는 역할을 한다. 이때 활성화되는 것이 수동적 지성이다. 수동적 지성은 '질료적 지성' 혹은 '잠재적 지성'이라고도 부른다. 이는 마치 질료처럼 지각 가능한 형태를 수용할 수 있는 잠재력을 지녔기 때문이다. 아리스토텔레스는 수동적 지성이 백지에 가깝고 아무런 형체도 지니지 않으

며 인간의 생명처럼 유한하다고 보았다. 반면에 아베로에스는 중세에 절대적인 존재로까지 승격된 능동적 지성과 다를 바 없이 수동적 지성도 독보적이며 분리된 존재라고 보았다. 능동적 지성은 잠재적 지성을 실제적 지성으로 활성화하지만 이 과정에서 지성의 감각적인 이미지를 제공하는 것은 수동적 지성이다. 아베로스에 따르면, 인간의 '이해'는 이런 식으로 진실성과 보편성을 취득할 뿐 개개인의 능력과는 분리된 형태로 주어진다. 즉 인류의 모든 사유는 개인의 능력 밖에서 이루어지며, 개인은 사유의 내용을 암시하는 감각적 이미지를 매개로, 독보적이고 분리되어 있는 수동적 혹은 잠재적 지성에 참여할 뿐이다.

현과 일치하는 만큼, 왜 단테가 논고의 결론을 내리기에 앞서 지상낙원을―앞서 살펴본 것처럼―인간이 '살아가며 추구하는 지복'의 표상으로 언급하는지 좀 더 분명해진다.

'잠재적 지성'은 단테가 『향연』에서 이미 언급했던 주제다. 물론 이 주제의 정치적인 의미는 다루지 않았지만, 동일한 주제가 뒤이어 「연옥」 25곡, 스타티우스의 이야기에 다시 등장한다. 단테는 『향연』에서 "선의bontade"가 과연 어떤 식으로 인간의 본성에 각인되는가라는 문제에 답변하며 태아의 형성과 "생성적 영혼anima generativa"에 관한 본격적인 이론을 제시한다. 이는 우리가 미완의 발생학이라고 부를 수 있을 만한 학문과 철학적이고 신학적인 계기들을 조합한 이론에 가깝다. 단테는 이렇게 말한다.

인간의 씨앗은 수용기관, 즉 모체에 떨어질 때 생성적 영혼의 기량과 천상의 기량, 유기적인 요소들의 기량, 즉 기질을 함께 가져오며 질료를 성장시켜 이를 생성자의 영혼에서 유래하는 형성의 기량에 배치한다. 이 형성의 기량에 힘입어 각 기관들이 천상의 기량에 적응하면 이 기량이 씨앗의 잠재력에서 영혼을 살아 숨

쉬도록 만든다.(『향연』 IV, 21, 4)

바로 이 시점에서 단테는 잠재적 혹은 질료적 지
성의 결정적인 기능에 대해 언급한다. 단테는 아베로
에스와 거리를 유지하는 듯 보이지만 사실은 이 잠재
적 지성과 직접적인 연관성을 지닌 인물이 바로 단테
가 지옥의 첫 번째 고리에서 만나는 독보적인 아리스
토텔레스 해설가 아베로에스다.

그것은 [살아 숨 쉬는 영혼은] 생성되자마자 천상의
동자motore로부터 잠재적 지성을 부여받는다. 이 지
성은 잠재적으로 내부에 모든 보편적 형식을 수반한
다.(『향연』 IV, 21, 5)

개인뿐만 아니라 인류 전체의 행복을 좌우하는
인간 고유의 활동은 이 지적 잠재력을 활성화는 행위
와 일치한다. 바로 이 잠재력 안에서 사랑은—단테가
『향연』에 실은 시 '내게 마음으로 설명하는 사랑Amor
che ne la mente mi ragiona'*에서 분명하게 밝히듯이—사
랑 "고유의 활동을 전개한다." 단테는 카발칸티가 자
신의 이론적 성명서와 다를 바 없는 작품에서 밝힌

바와 동일하게, 사랑의 기원은 잠재적 지성에 있다고 보는 입장을 취한다. 카발칸티에 따르면, 사랑은 "보이는 형상에서 유래한다. 이 형상이 위치하며 머무는 곳이 바로 잠재적 지성 혹은 주체다."[68]

그렇다면 '마텔다'가 지닐 수 있는 비유적인 의미들—어떤 단일한 진실이 지닌 여러 얼굴들로 이해해야 할 의미들—가운데 하나로, 개인적일 뿐 아니라 집단적인 차원의 이중적인 관점에서, '마텔다'를 '잠재적 지성'의 의인화로 해석하는 것이 부적절하다고 보기는 어려울 것이다.

4.6. 이제 단테의 '지상낙원'을 신학 전통 및 원죄의 교리와 비교하며 정의해보기로 하자. **정원**은 단테의 입장에서도 지상의 장소임이 분명하다. 이 **정원**은 아주 높은 산의 정상에 위치하지만 앞서 살펴본

---

*
이 시는 이렇게 시작된다. "사랑이 나의 여인에 대해 마음으로 강렬히 설명하며 나와 자주 함께 있는 그녀의 모습들을 묘사할 때 지성은 그 모습들을 보며 길을 잃는다.(Amor che ne la mente mi ragiona / de la mia donna disiosamente / move cose di lei meco sovente / che lo'ntelletto sovr'esse disvia.)" 여기서 관건은 사랑에 마음을 사로잡힌 연인이 사랑의 경험과 유지하는 지적 관계다.

것처럼 「창세기」에 묘사된 것과는 완전히 다른 유형의 장소다. 우선 아무도 살지 않는 곳이 아니고 여기에 흐르는 강도 성서에 나오는 4개의 강과는 판이하게 다르며 성서에 묘사된 지상낙원과 전혀 어울리지 않는 2개의 강이 흐른다. 특히 첫 번째 강은 의미심장하게 레테Letè라 불리며 "죄에 대한 타자의 기억을 지워버린다." 이 강이 「창세기」에 묘사된 낙원 안에 있었다면, 죄에 대한 기억의 삭제는 사실 어떤 식으로든 불가능했을 것이다. 그 이유는 무엇보다도 성서속의 **정원**이 그 자체로 죄가 예견된, 따라서 죄를 이미 품고 있는 장소이기 때문이고, 아울러 아담과 이브가 단테처럼 강물에 몸을 담그고 죄에 대한 기억을 씻는다는 것이 성서의 서사를 기준으로는 일어날 수 없는 일이기 때문이다. 학자들은 이러한 명백한 모순을 포착하지 못한 듯 보이지만, 그럼에도 불구하고 우리는 마텔다가 묘사하는 강이 낙원에 후속적으로 도입되었다는, 다시 말해 「창세기」에 묘사된 강들을 대체하기 위해 등장했다는 결론을 내려야 한다. 더나아가, 화염검을 들고 **정원**의 입구를 지키는 천사가 단테의 작품에서는 전혀 언급되지 않는다는 점도 특별히 중요하다. 여기서 인류를 대변하는 단테는 **정원**

에 아무런 방해 없이 들어갈 수 있다.

여하튼 단테가 마텔다를 만나는 낙원은 아담이 머물던 낙원에 비해 달라진 모습을 보여준다. 다시 말해 단테의 '낙원'은 인류의 조상이 쫓겨났던 "고대의 밀림"이기도 하고 아니기도 하다. **정원**에 들어서는 순간 단테는 현재시점에서 시원적 과거의 시간으로 돌아간다. 상황은 정확하게 기억 속에서 일어나는 것처럼 전개되고, 바로 그런 이유에서 시원적 과거는 필연적으로 변화를 겪는다. 이러한 시간적 위치변동 덕분에 다음과 같은 현재형과 과거형의 대조적인 활용이 가능해진다. 베아트리체는 현재형으로 과감하게 묻는다. "여긴 행복한 인간이 있는 곳이라는 걸 몰랐나요(non sapei tu che qui è l'uom felice)?"(「연옥」 30, 75) 반면에 마텔다가 사용하는 것은 과거형이다. "여기서 인간의 근본은 무고했었습니다(qui fu innocente l'umana radice)."(「연옥」 28, 142) 이는 곧 아담의 낙원에서 무고했던 인간은 마텔다의 정원에서 여전히 행복하다는 것을 의미한다.

4.7. 이 시점에서 피할 수 없는 과제로 떠오르는 것은 원죄에 대한 단테의 생각이 기본적으로 어떤 구

도를 지녔는지 살펴보는 일이다. 지상낙원에 들어가기 직전, 단테는 마르코 롬바르도*의 입을 빌려 아우구스티누스의 용어들을 사실상 부정하기 위해 활용하며 그의 교리가 지닌 허점을 여지없이 들춰낸다. "보다시피, 세상이 부패한 것은 나쁜 행위 때문이지 그대들 안에서 부패했다고 하는 자연적 본성 때문이 아니다."[69](「연옥」 16, 103~105)

여기서 관건이 펠라기우스적인 논제라는 점은 누가 봐도 분명하다. 왜냐하면 아우구스티누스가 펠라기우스의 견해라고 보는 표현이 거의 문자 그대로 반복되고 있기 때문인데, 이에 따르면 "세상에는 자신들의 죄를 두고 인간의 의지 탓을 해야 마땅한데도 오히려 인간의 본성 탓을 하며 변명을 늘어놓는 자들이 있다."(『자연적 본성과 은총』 1, 1)

그렇다면 이처럼 명료한 관점과 「낙원」 7, 85~87에서 베아트리체가 이와는 정반대되는 교리를 당연

*

마르코 롬바르도Marco Lombardo
는 단테의 『신곡』, 「연옥」 편에서 분
노의 죄를 지은 인물로 등장하며,
단테와 정치적 부패에 대해 대화를
나눈다.

하다는 듯 내세우며 주장하는 이유는 과연 어떤 식으로 조합해야 하나? 베아트리체는 이렇게 말한다. "아담의 씨앗 안에서 완전히 죄에 물들었을 때부터, 그대들의 자연적 본성은 존엄성에서 멀어졌을 뿐 아니라 낙원에서도 멀어졌어요."[70] 하지만 주의 깊게 관찰하면 이는 그저 표면적인 모순에 불과하다는 점을 확인할 수 있다. 실제로 여기서 베아트리체가—즉 단테가—제시하는 것은, 인간의 자연적 본성이 존엄성을 회복하고 시원적 상태로 완전히 복원되는 과정 자체가, 아우구스티누스의 견해와는 달리, 그리스도의 육화에 좌우된다고 보는 관점이다. 베아트리체에 따르면, 인간이 선조들의 죄에서 벗어나는 길은 두 가지다. "신이 그저 너그럽게 용서했을 가능성이 있는 반면 인간도 자신을 위해 스스로 죄의 대가를 치렀을 수 있다."[71](「낙원」 7, 91~93) 그리고 신의 선택은 이 두 가지 방식을 모두 활용하는 쪽으로 기울어진다. 신은 결국 그리스도의 육화를 통해 인간의 자연적 본성을 구속사 안으로 끌어들인다. "신은 단순히 용서만 하지 않고 훨씬 더 너그럽게 자신을 희생하면서까지 인간을 스스로 다시 일어서기에 충분한 존재로 만들고자 했다."[72](「낙원」 7, 115~117) 이 점을 단테는 『군주제』

(II, 11, 2)에서도 단호하게 강조한다.

> 만약 그리스도의 죽음이 그(아담의) 죄에 대한 만족
> 할 만한 대가가 되지 못했다면, 그렇다면 우리는 자연
> 적으로, 즉 부패한 자연 때문에 여전히 분노의 자식인
> 셈이다.[73]

이 전적으로 독창적인 신학 이론에 따르면, 신은 스스로 인간이 되어 인간의 자연적 본성을 "자력으로 다시 일어서기에 충분한" 실체로 만드는 동시에 고스란히 시원적인 상태로 복원시킨다. 이는 "인간을 그의 온전한 삶으로 복원하는"[74](「낙원」 7, 104) 것이 목표였기 때문이다. 이러한 해석이 당시에 얼마나 혁신적이었는가를 가늠하려면, "자력으로 다시 일어서기에 충분한"이란 표현이 실제로는 아우구스티누스의 논제와 정면으로 충돌하며 모순을 일으킨다는 점에 주목할 필요가 있다. 아우구스티누스가 빈번히 주장했던 바에 따르면, "인간이 자신의 의지만으로도 충분히(sufficere voluntatem) 죄를 짓지 않을 수 있다고 주장하는 사람은... 저주받아(anathemandum esse) 마땅하다."(『인간적 의로움의 완성에 관하여』 21, 44) 아우

구스티누스가 이렇게 말하는 이유는 그리스도의 대속이 인간의 자연적 본성을 부패로부터 완전히는 해방하지 못했다고 보았기 때문이다. 실제로는 아우구스티누스뿐만 아니라 아퀴나스도 이와 동일한 입장을 취한다. 아퀴나스에 따르면, 그리스도가 온 이후에도 성례들은 필수적이며 이는 인간이 원죄 후에 처하게 된 상황 때문이다.

> 인간이 죄를 지을 때 실제로는 육체에 복종한 만큼, 필요한 것은 질환이 강타한 바로 그 곳에 약을 바르는 일이다. 여하튼 신의 입장에서는 인간의 영적 치료를 처방하기 위해 그의 신체적 지표들을 활용하는 것이 당연한 처사였다.(『신학대전』IIIa, q. 61, a. 1, co.)

이러한 차원의 생각들은 단테의 작품에서 조금도 찾아볼 수 없다. 그리스도의 육화만으로도 인간의 죄를 완전히 씻을 수 있다는 것이 단테의 생각이다. 한편으로는 『신곡』에서 교회의 부패와 직결되지 않는 한 결코 언급하지 않는 주제 '성례sacramento'에 대해서도, 단테는 아퀴나스가 철저하게 논박할 목적으로 인용하는 다음과 같은 견해를 오히려 지지하는 쪽으로 나아간다. "그리스도 이후에 성례는 더 이상 존재하지 말아야 한다. 실제로 진리가 올 때 형상은 사라진다... 성례가 진리의 지표 또는 형상에 불과한 만큼, 그리스도의 고난 후에 성례는 더 이상 필요치 않다."(『신학대전』 IIIa, q. 61, a. 4, arg. 1). 그렇다면 『향연』에서 단테가 "이스라엘 민족이 이집트에서 떠날 때 유대가 성스럽고 자유로워졌다고 말하는 예언자의 노래"를 "영혼이 죄에서 떠날 때 성스럽고 자유로울 수 있는 힘을 얻었다"(II, 1, 6-7)라는 의미로 해석했다는 것은 그리 놀라운 일이 아니다. 아울러 베르길리우스가 지상낙원의 문턱에서 단테와 작별하며 "그대의 판단은 자유롭고 바르며 온전하니"[75](「연옥」 27, 140)라고 단언할 수 있었던 것도 오히려 지극히 당연하게 느껴진다. 펠라기우스의 영향이 뚜렷하게 부각되는 『군주제』의 한 문장에서는 바로 이 '자유'가 "인간의 자연적 본성에 주어진 신의 가장 커다란 선물"로 제시된다.

사람들은 우리가 지닌 자유의 첫 번째 원리가, 많은 이들이 입으로만 말하고 극소수만 마음속에 지닌 '의지의 자유(libertas arbitrii)'라는 점을 알아야 한다... 사

람의 판단이 어떤 식으로로든 욕구에서 비롯되었다면
(이는 물론 인간의 자연적 본성이 돌이킬 수 없는 형
태로 부패했을 경우 벌어질 일이지만) 그는 자유롭지
못한 셈이다... 그만큼 분명한 것은, 내가『신곡』의「낙
원」편에 썼듯이(sicut in Paradiso Comedie iam dixi), 이
자유, 그러니까 우리가 지닌 모든 자유의 원리야말로
인간의 자연적 본성에 주어진 신의 가장 커다란 선물
이라는 점이다. 왜냐하면 여기서 우리가 이 선물 덕분
에 인간으로서 행복하고 다른 곳에서도 이 선물 덕분
에 마치 신들처럼 행복하기 때문이다.(I, 12, 2~6)

'자유'와 '행복'은 인간의 자연적 본성 속에—원래
부터, 그리고 그리스도의 육화 덕분에 지금도 여전히
—분리될 수 없는 형태로 결속되어 있다. 낙원의 '신
성한 숲'은 시원적 정의와 지복이 온전하게 복원되는
곳의 이름이다.

4.8. 그렇다면 이제 '지상낙원'이 '황금시대'에 상
응한다고 보는 단테의 생각에 대해 살펴보자. '황금
시대'는 베르길리우스가 회귀를 예견했던 시대다. 그
렇다면 이는 곧 지상낙원이 단테의 입장에서는 어떤

과거의, 따라서 도달할 수 없는 곳의 현실이 아니라, 어떤 식으로든 여전히 다가오고 있는, 혹은 도래해야 할 현실이라는 것을 의미한다. 단테는 실제로 시원적 정의giustizia의 회귀가 지상에서 이루어지리라는 베르길리우스의 예언을 아주 진지하게 받아들인다. 그리고 그가 '신성한 숲'에서 경험하는 것들은 바로 이 예언의 실현에 가깝다. 그렇다면 이 실현을 뒷받침하는 또 다른 예언, 즉 단테 자신이 예언자적 입장에서 제시하는 예언에 주목할 필요가 있다.

실제로 「연옥」편 29~32에서 단테는 자신의 예언자적 경험을 지상낙원에서 이루어진 사건으로 묘사한다. 가식적으로 비칠지도 모를 어떤 유형의 겸허한 자세도 취하지 않고, 단테는 자신의 경험을 예언문학의 가장 높은 경지에 도달한 두 명의 예언자, 즉 유대교(메르카바* 혹은 전차의 신비주의)를 대변하는 에스겔과 그리스도교(「요한계시록」)를 대변하는 요한

---

* 메르카바Merkavah는 유대 신비주의의 상당히 오래된 형상 가운데 하나다. 주로 의인이 신의 왕좌와 천상의 왕궁으로 승천하는 장면들을 묘사한다. 히브리어로 '전차'를 뜻하는 '메르카바'는 성경에 묘사된 '신성한 전차'를 가리킨다. 유대인들은 이를 영적 성장을 위한 수단으로 이해했다.

의 경험에 비유한다.

> 그럼 「에스겔」을 읽어 보라.
> 그는 자신이 목격한 대로 이들이 추운 곳에서
> 바람과 구름과 불과 함께 오는 모습을 묘사한다.
> 그대가 그의 책에서 읽게 될 모습은 이들이
> 여기에 있었을 때와 똑같지만 날개만큼은 예외다.
> 이에 대해 요한은 나와 생각이 같지만 에스겔과는
> 다르다.[76]
> (「연옥」 29, 100~105)

스스로를 성서의 역사상 가장 탁월한 예언자들과 대등한 인물로 간주하며 환상을 보았다고 주장하는 단테의 대담성을 가늠하려면, '전차의 환상'은 유대교에서 상당히 중요한 요소였을 뿐 아니라 입문자들의 연구조차 금지된 분야였다는 점을 기억할 필요가 있다.(탈무드에는 이렇게 적혀 있다. "그 누구에게도 '전차가 하는 일Ma'aseh Merkavah'을 알려서는 안 된다. 이를 스스로 깨우칠 수 있는 현자가 아닌 이상.")

이 금기에 대해서는 그리스도교 문화권의 학자들도 그 내용을 분명하게 인지하고 있었다. 예를 들어, 단테가 읽었을 가능성이 큰 한 서간문에서 히에로니무스는 유대교의 랍비들이 30세를 채우지 못한 이들에게는 『에스겔』의 연구를 전통적으로 금지시켰다고 적은 바 있다.('30세'는 단테가 예언자적 환상을 경험할 때 지녔던 나이일 뿐 아니라, 그에게 "하늘이 열린" 순간 밝히는 자신의 나이이기도 하다.) 단테가 접했을 가능성이 있는 또 다른 문헌 『에스겔에 관한 설교Homeliae in Ezechielem』의 저자 그레고리우스 마뉴스Gregorius Magnus에 따르면, 에스겔이 30세가 되었을 때 환상을 보았다고 밝힌 이유는 오로지 "그 완벽한 나이에in aetate perfecta"만 "예언의 영"을 얻을 수 있었기 때문이다.(『에스겔에 관한 설교』 II, 3) 단테의 입장에서 관건이 일종의 예언자적 경험이었다는 점을 뒷받침하는 또 다른 단서는 그가 베로나의 군주 칸그란데Cangrande에게 보내는 편지에서도 다름 아닌 에스겔을 언급했다는 점이다. "에스겔서에는 이렇게 쓰여 있습니다. '나는 [신을] 보았고 땅에 얼굴을 대며 엎드렸다.'"[77] 눈에 보이는 것을 전부는 기억하지 못한 채, 단테는 에스겔이 바빌로니아의 그발 강에서 경험했던 것과 똑같은 방식으로 예언한다(에스겔도 단테처럼 망명 민족에게 호소하는 망명자였다는 점을 고려하면 단테와 에스겔 간의 유사성은 보다 분명해진다). 우리는 단테의 환상을 그저 신학적 교리의 명백한 진리에 대한 환상적인 도해로만(예를 들어 24명의 장로들은 성서의 문헌들, 동물들은 복음서의 저자들, 그리폰은 그리스도, 4명의 여인들은 추기경들의 덕목으로) 이해하는 단순하고 틀에 박힌 해석을 거부해야 한다. 단테가 자신의 환상에 부여하는 것은 예언적인 성격이지 단순한 묘사의 의미가 아니다. 단테의 환상을 어떤 식으로 해석하든 간에—여기서 논의해야 할 핵심 사항이 아닌 만큼—주목해야 할 것은, 단테가 신학적이고 정치적인 차원에서 결코 전통적이지 않을 뿐 아니라 예언자적 환상을 통해서가 아니라면 전달하기가 불가능한 메시지를 선포해야 할 곳으로 선택한 장소가 다름 아닌 '지상낙원'이라는 사실이다.

4.9. 에스겔과 요한의 예언적 환상에서 따온 요소들이 함께 뒤섞여 있는 단테의 환상은 「요한계시록」에 나오는 '7개의 금빛 촛대'와 '24명의 장로들'에 대한 언급으로 시작된다.(1장 12절: '7개의 금색 촛대를 보았다.' 4장 4절: '좌석에는 흰 옷을 입고 머리

에 금관을 쓴 24명의 장로들이 앉아 있었다.') 단테가
뒤이어 인용하는 '앞뒤가 눈으로 가득한 4마리의 동
물'(4장 6절)은 에스겔의 4가지 '생명체(Chayyot)', 즉
'생명을 지닌 피조물'에서 유래한다. 단테는 바로 이
생명체에서 '전차의 이미지'를 도출해내지만, 여기에
파격적으로 수수께끼 같은 형상 '그리폰'을 끌어들인
다. "이들 사이에 바퀴가 두 개 달린 개선 전차가 들어
서 있었고 이를 그리폰 한 마리가 목에 걸어 끌고 가
더라."[78](「연옥」 29, 106~108) 단테의 환상에서 불가해
한 방식으로 누락되어 있는 것은 정확하게 에스겔과
요한이 지녔던 예언적 환상의 핵심 요소, 즉 '왕좌'다.

내가 곧 영에 사로잡혀 바라보니 하늘에 어떤 왕좌가
있고 거기에 누군가가 앉아 있었다. 앉아 계신 분의
모습은 벽옥과 홍옥 같고 왕좌 주변에는 비취 모양의
무지개가 빛나고 있었다.[79](「요한계시록」 4, 2~3)

그들의 머리 위로 펼쳐진 창공 위에 왕좌 같은 모양의
청옥이 있고 이 왕좌 위에 인간의 모습을 한 형체가
있었으니[80](「에스겔」 1장 26절)

그렇다면 단테가 보는 환상의 대상은 오늘날 학자들이—'이 환상은 주님의 영광을 닮았으니'(「에스겔」 1장 28절)를 토대로—말하는 그리스도의 영광이 아니라, 무언가 다른 것임이 분명하다. 에스겔과 요한의 글에서 왕좌 위의 형체에게 주어졌던 공간은 단테의 작품에서 다름 아닌 베아트리체에게 주어진다. 연구자들이 주목했던 대로, 베아트리체의 등장은—마텔다의 경우처럼—의심할 여지없이 사랑을 노래하는 표현들로 묘사된다. "옛사랑의 강력한 힘을 느꼈습니다. 일찍이 나를 무너트렸던 고귀한 옛사랑의 힘이 내 시야를 강타하자마자"[81](「연옥」 30, 39~41), "옛 사랑의 불꽃이 남긴 흔적을 내가 알고 있습니다."[82](「연옥」 30, 48) 그만큼 베아트리체도 단테가 쓴 첫 번째 책의 제목을 언급하며 이렇게 말한다. "그의 『새로운 삶vita nova』에서처럼, 그는 상당한 잠재력을 지녔기에 그의 모든 훌륭한 성향이 놀랄 만한 결과를 만들어 냈을 것이다."[83](「연옥」 30, 115~117) 여기서 '성향abito'이란 표현은 『향연』(III, 13, 8)에 사용되었을 때처럼 시적이고 철학적인 차원의 기량이라는 기술적인 의미로 이해해야 한다. '새로운 삶'도 단순히 단테의 젊은 시절을 가리킨다기보다는 동시에, 아니 오히려 산문시prosimetro의 형태로 고매하게 묘사된 사랑의 경험에 가깝다. 또 다른 해석들을 굳이 시도하지 않더라도, 분명한 것은 베아트리체 역시―그녀와 은밀하게 결속되어 있는 마텔다처럼―사랑의 지복과 깊은 연관성을 지녔다는 사실이다. 단테에 따르면, 사랑의 지복은 인간의 자연적 본성이 지닌 "궁극의 목적"이다.(『군주제』 III, 15)

✗ 그리폰이 신학자들 대다수의 해석대로 오로지 그리스도의 두 가지 본성 가운데 하나만을 [신성과 인성 가운데 전자만을] 표현하는 형상이라면, 왜 단테가 에스겔과 요한의 예언적 환상에서는 왕좌에 앉아 있던 그리폰을 왕좌에서 끌어내려 천사들의 전차를 힘겹게 끌도록―일반적인 해석대로라면 상황은 정반대여야 하는데도―만들었는지, 왜 이처럼 누가 봐도 덜 영예로운 임무를 그리폰에게 맡겼는지 설명할 길이 없어진다. 그렇다면 실제로는 왜 단테가 신학의 한 상식적인 특징을, 그러니까 신인 동시에 인간인 그리스도의 이중적 본성을 구체적으로 강조했는지도 설명하기가 어려워진다. 『군주제』의 한 문장을 읽어보면, 그리폰의 두 가지 본성은 오히려 인간

이 경험할 수 있는 유형의 본성에 가깝다.

여하튼 인간이 부패하는 것과 부패하지 않는 것 사이의 중간 지점에 머무는 존재라면, 모든 중점이 양극의 본성을 모두 파악한다는 의미에서, 인간은 두 가지 자연적 본성을 모두 지닐 수밖에 없다고 봐야 한다.(III, 15, 5)

오동 드 투르네(Odon de Tournai, 1060~1113)가 일찍이 인간을 두 가지 실체로 나뉜 단일한 페르소나로, 창조주를 단일한 실체로 통합되어 있는 다수의 페르소나로 정의했던 것도 바로 이러한 의미에서였다.

인간은… 영혼과 육체로 구성된다… 영혼이 페르소나 안에서 육체를 취하는 만큼, 페르소나 안에는 어떤 이중의 실체가 실재한다. 바로 그런 이유에서 피조물은 창조주와 구별된다. 왜냐하면 창조주는 단일한 실체 안에 다수의 페르소나를 지녔기 때문이다. 이는 피조물에게 일어나지 않는 일이다. 피조물은 두 실체 안에 단일한 페르소나를 지녔다.(Odon, p.63)

그렇다면, 앞서 읽은 『군주제』의 인용문 바로 뒤에 오는 문장에서 단테가 밝히듯이, 그리폰은 인간의 바른 자연적 본성을 상징하는 형상에 가깝다.

자연 전체가 어떤 궁극적인 목적에 소용되도록 정돈되어 있는 만큼 결과적으로는 인간이 어떤 이중의 목적을 지녔다고 볼 수 있다... 달리 말하자면, 한편에는 그가 영위하는 삶의 행복이 있다. 이는 그가 지닌 기량의 올바른 활용에 달려 있고, 이 행복을 상징하는 것이 바로 '지상낙원'이다. 그리고 다른 한편에는 영원한 삶의 행복이 있다. 이 행복은 '천상의 낙원'이라는 형상을 통해 이해할 수 있다.[84]

그렇다면 이 모든 것이 주는 결코 사소하지 않은 장점은, 에스겔과 요한의 텍스트에서 그토록 강렬하게 부각될 뿐 아니라 단테에게 없다면 문제시될 수밖에 없는 '정치적 의미'를 단테의 환상에 반환할 수 있다는 점이다.

4.10. 우리의 목표는 「연옥」 28~31의 구절들에 대한 어떤 완벽한 해석을 제시하는 것이 아니라, 좀

더 겸허한 자세로, '지상낙원'에 대한 전통신학적인
해석에 비해 단테의 해석이 지닌 독창적이고 혁신적
인 성격뿐만 아니라 본질적인 차원에서 예언적인 의
도를 밝히는 것이다.

『신곡』의 주제가 사실상 칸그란데에게 보낸 편지
의 내용대로, "인간은 그가 자유의지에 따라 잘한 것
과 못한 것을 기준으로 정의에 의해 상을 받거나 벌
을 받아 마땅하다"(『서간문』 XIII, 11)는 관점에 가깝
다면, '지상낙원'은 어떤 식으로든 작품 전체의 주제
인 '인간의 자유'와 직결될 수밖에 없는 예언의 장소
로 간주되어야 한다. 실제로 중요한 것은 단테가 그
의 첫 번째 정치 논고 『군주제』(I, 12, 6)에서 분명하게
『신곡』을 언급하며 이 두 작품의 의미에 진지한 연관
성을 부여한다는 사실이다. "내가 『신곡』의 「낙원」편
에 썼던 것처럼(sicut in Paradiso Comedie iam dixi)"이
라고 말하면서 단테가 가리키는 것이 "인간의 자연적
본성에 주어진 신의 가장 커다란 선물", 즉 '자유'이
고 "이 선물 덕분에 우리가 인간으로서 행복하고 다
른 곳에서도 마치 신들처럼 행복하다"면, 이 모든 것
은 단순히 베아트리체의 메시지(「낙원」 5, 22)*로만 귀
결되지 않고 이 '자유'의 지고한 지표가 되는 '지상낙

원’과 직결된다. 단테는 빈번히 이를 간단하게 ‘낙원paradiso’이라고도 부른다.(「낙원」 7, 38, 『속어의 설득력에 관하여De vulgari eloquentia』 I, 4~2, 5~3)

달리 말하자면 단테에게 “신성하고 무성하며 생생한 숲”은 자유의지에 의한 인간의 구원 가능성을 선포하는 일종의 예언에 가깝다. 인간은 ‘지금 이곳에서’ 이 자유의지를 통해 “가장 많이 사랑하는 것의 활용”에 달린 ‘지복’에 도달한다.

✗ ‘이 삶의 지복beatitudo huius vitae’을 표상하는 형상으로서의 ‘지상낙원’과 모순을 일으키며 정확하게 상충되는 이론이 있다면, 그것은 아퀴나스가 곳곳에서 강조한 바 있는 스콜라학파의 논제다. 이에 따르면 ‘이 [지상의] 삶에서’ 인간에게 행복이란 불가능하다. 아퀴나스의 의견대로라면, “결국 인간이 이 삶에

*
“그건 자유 의지였다. 지적 피조물들은 모두, 그리고 이들만이 이 자유의지를 지녔다. (fu de la volontà la libertate / di che le creature intelligenti / e tutte e sole, fuoro e son dotate.)”

서 완전히 행복하게 산다는 것은 불가능하다."[85](『이교도논박 대전Summa contra Gentiles』 lib. III, cap. 48, n. 7) 아퀴나스의 신학에는 지상의 지복과 천상의 지복을 구분하는 관점이 누락되어 있다. 하지만 이는 단테가 『군주제』에서 오히려 단호하게 강조하는 내용이다. 더 나아가 단테는 『향연』(III, 15, 6)에서 지성과 지복의 연관성에 관한 이론을 전개할 때 사실상 의도적으로 아퀴나스의 신학과 상충되는 입장을 취한다. 왜냐하면 그가 거부하는 것이 바로 "인간은 고유의 목적에 상응하는 행복에 도달할 수 없다"(『이교도논박 대전』 lib. III, cap. 48, n. 11)는 아퀴나스의 생각이기 때문이다. 물론 세상에는 "인간이 자신의 능력으로 증명해보일 수 없는 것들이(신, 영원성, 일차적 질료 등이) 있고, 따라서 지혜가 인간을 행복하게 할 수 있다는 점을"(『향연』 III, 15, 7) 의심하며, 인간의 지적 욕구는 필연적으로 충족될 수 없다고 보는 이들이 있지만, 이들의 의견에 맞서 단테는 오히려 이렇게 말한다.

모든 사물 각각에 대한 자연적 욕망을 가늠하는 기준은 욕망하는 사물 자체의 충족 가능성이다. 그렇지 않다면 욕망은 스스로를 거스르게 되는 셈인데 이는 사실상 불가능하며, 자연이 욕망 자체를 무의미하게 만드는 셈인데 이 또한 불가능한 일이다. [다시 말해] 욕망은 [원했던 것과] 정반대 방향으로 나아간다. 왜냐하면 충족의 완성을 욕망하다가 미완성을 욕망하게 되기 때문이다. 언제나 계속해서 욕망할 수 있기를 욕망하기 때문에 자신의 욕망이 결코 실현되지 않기를 욕망하게 되는 것이다.(바로 이것이 저주받은 욕심쟁이가 범했던 오류다. 자신이 끝없이 욕망하기만 욕망한다는 사실을 깨닫지 못한 채 결코 도달할 수 없는 경지의 충족을 끊임없이 추구했기 때문이다.)(『향연』 III, 15, 8)

그렇다면 여기서 "지혜가 인간을 행복하게 할 수 있다는 점을" 의심하는 자는 아마도 다름 아닌 아퀴나스일 것이다. 왜냐하면 아퀴나스가 인간의 욕망은 끝을 모르기 때문에 이승에서는 결코 충족될 수 없다는 점을 증명하기 위해 예로 드는 인물이 바로 "재산을 끝없이 집요하게 축적하고 배가하는ad conservandum et multiplicandum denarios in infinitum" 환전업자nummularii이기 때문이다. 아퀴나스는 이렇게 말한다.

인간의 욕망은 무한히 계속된다. 바로 그런 이유에서,
인간은 자신의 욕정을 충족시키기 위해 필요한 것들
을 끝없이 갈망한다.(『아리스토텔레스의 정치학 주해
Sententia libri Politicorum』 lib. I, lec. 8, n. 4)

5. 낙원과 인간의 본성

5. 낙원과 인간의 본성

5.1. 앞서 살펴본 바와 같이, 신학자들이 '지상낙원'을 주제로 다룰 때 제기하는 것은 인간의 본성에 관한 문제다. 하지만 이를 포착하기 위해 신학자들이 활용하는 장치 자체가 이 본성의 모든 체계적인 정의에 균열을 일으킨다. 균열은 다름 아닌 '본성'과 '은총' 사이에서 일어난다. 관건은 이 두 용어 간의 단순한 대립 관계가 아니다. 실제로 '본성'과 '은총'은 하나의 체계를 형성하며 이 체계 내부에서, 완전한 결별은 불가능한 분류의 논리에 따라, 서로를 끊임없이 지시하며 서로의 전제로 기능한다.

여기서 문제시되는 것은 무엇보다도 아담이 창조되었을 때의 상황과 그가 낙원에서 죄를 짓기 이

전의 상황이다. 피에트로 롬바르도(Pietro Lombardo 1100~1160)가 정식화한 견해에 따르면, 아담은 **정원** 바깥에서 창조되었고 이후에야 **정원**에 들어왔다. 그리고 이는 이곳에 거주할 기회가 그에게 "본성이 아닌 은총에 따라" 주어졌다는 것을 의미한다.

성서에는 신이 그런 식으로 창조한 인간을 앞서 만들어 놓았던 낙원에 들여보냈다고 기록되어 있다. 이런 표현으로 모세가 밝히고자 했던 것은 인간이 낙원 바깥에서 창조되었고(extra paradisum creatus) 뒤늦게야 낙원 안에 머물게 되었다는(postmodum in paradiso positus) 점이다. 상황이 이렇게 전개된 이유는 그곳에 상주하는 것이 인간의 숙명은 아니었다는 점에서 발견된다. 달리 말하자면 낙원은 인간에게 자연이 아닌 은총에 따라(non ut naturae, sed gratiae) 주어졌다.(『명제집Liber quattuor sententiarum』 lib. II, dist. XVII, cap. 5)

여기서 아담이 지상낙원 '바깥'에 머물거나 '안'에 머무는 두 가지 상황은 바로 그의 자연적 본성이 완성되는 두 단계의 과정에 상응한다. 다시 말해 인간은 먼저 자연적인 방식으로(in naturalibus) 창조된 뒤 다음 단계에서야 무상으로(gratuita) 은총의 선물을 받는다. 이 문제를 두고 서로 의견을 달리하던 교부들의 논쟁을 보나벤투라(Bonaventura da Bagnoregio, 1217/1221~1274)는 이렇게 묘사했다.

> 가장 일반적이고 합당한 견해는 아담이 자연의(naturalia) 선물을 먼저 받은 뒤에 은총의(gratuita) 선물을 받았다는 것이다... 이 견해에 따르면 인간이 죄를 짓기 이전 상태는 두 시기로 구분해야 한다. 첫 번째는 아담이 자연의 선물만 받은 시기, 두 번째는 은총의 선물까지 받은 시기다. 이 두 시기가 서로 다르다는 점을 고려하면, 교부들의 표면적인 의견-불일치는 더 이상 문제가 되지 않는다.(『명제집 제 2권 In secundum librum Sententiarum』 dist. XXIX, art. 2, quaest. 2)

이와 동일한 의미에서 헤일즈의 알렉산더Alexander of Hales도 이렇게 기록했다.

> 신의 위대함에 어울리는 설명은 인간이 자연적으로 창조된(conditus secundum naturam) 뒤에 은총으로 형

상화되었으리라는(informatus per gratiam) 것이다. 그래야 인간이 은총은 신의 선물이며 자연의 선물과는(a naturalibus) 다르다는 점을 깨달을 수 있었을 것이다.(『보편신학대전Summa universae theologiae』 Ia- IIae, inq. 4, tract. 3, q. 3, t. 1, c. 1)

하지만 성서에 이와 관련된 분명한 지표가 조금도 없는 상황에서, 다름 아닌 인간이 무고했을 당시의 순수한 자연적 본성에 속하는 것은 무엇이며 은총에 속하는 것은 무엇인가를 정의하는 과정이 그토록 허망한 동시에 그토록 단정적인 주장들로 점철되었다는 점은 오히려 신학자들이 이러한 구분을 억지로, 심지어는 그것이 불가능한 곳에서조차 유지하려 했던 것은 아닌가라는 의혹을 불러일으킨다.

5.2. 신학자들의 입장에서 무엇보다 중요한 것은, 자연적 '본성'과 신의 '은총'이―정의되지 않은, 불분명한 개념들이었음에도 불구하고―인간 안에서 서로 긴밀하게 연결되어 있을 뿐 아니라 동시에 명백히 분리되어 있다고 보는 관점이었다. 이러한 특징이 아주 뚜렷하게 드러나는 신학자는 다름 아닌 토마스

아퀴나스다. 과거의 전통적인 관점에 맞서, 아퀴나스는 아담이 '자연적으로in naturalibus' 창조되지 않고 '은총에 의해in gratuitis' 창조되었다고 주장한다. 『신학대전』(Iᵃ, q. 95, a. 1, co.)에서 그는 논박할 목적으로 먼저 "최초의 인간은 은총으로 창조되지 않았고 은총을 뒤늦게야, 그리고 그가 죄를 짓기 전에 받았다고 말하는" 이들의 의견을 인용한 뒤 이를 곧장 수정한다. 이른바 시원 상태의 법도(rectitudo)에 따르면 아담은 자연뿐만 아니라 은총 속에서도 창조되었다는 것이 아퀴나스의 생각이다.

시원 상태에서는 이성이 신에게 복종하고 열등한 힘이 이성에, 육체가 영혼에 복종하는 것이 법도였다. 첫 번째 복종이 두 번째와 세 번째 복종의 원인이었던 만큼, 이성이 신에게 복종하는 한 열등한 힘들도 이성에 복종했다. 여하튼 육체가 영혼에 복종하고 열등한 힘이 이성에 복종하는 관계가 결코 자연적이지 않았다는 [타고난 것이 아니었다는] 점은 분명하다. 자연적이었다면 인간이 죄를 범한 후에도 복종은 그대로 지속되었을 것이다. 범죄 후에 악령들이 자연적 특성들을 그대로 유지했던 것처럼... 분명한 것은 첫 번째 복종—즉 신에 대한 이성의 복종—역시 자연적으로만 이루어지지 않고 은총의 초자연적 선사에 힘입어 이루어진다는 점이다. 여기서 깨달아야 할 것은, 은총이 없을 경우 영혼에 대한 육체의 복종이 불가능한 만큼, 실제로는 은총을 통해서만 열등한 힘이 영혼에 복종한다는 사실이다.

한편으로는 처음부터 인간의 몫이었던 자연적 법도도—아퀴나스의 신학에서는—어떤 자연적 자산이 아니라 최초의 인간에게 무상으로 주어지는 초자연적 선물supernaturale donum로 간주된다. 게다가 이 선물은 "그의 페르소나에게만 주어지지 않고 그에게서 유래하는 모든 인간의 자연적 본성에—적어도 그가 신의 규율을 위반하기 이전 상태에서—주어진다."(『악에 관하여De malo』q. 4, a. 1, co.)

문제는 이러한 유형의 문장에서 '자연'과 '은총' 간의 차이가 오로지 죄의 개념을 매개로만 정의되고 결과적으로 '자연'은 '은총'을 제외할 때 남는 무언가로 간주될 뿐 아니라, 아퀴나스가 동일한 주제를 다루는 또 다른 성격의 텍스트에서는 '자연'과 '은총'의 차이가 오히려 미약해지는 양상을 보인다는 데 있다.

피에트로 롬바르도의 『명제집Sentenze』을 해설하는 글에서 그는 이렇게 말한다.

어떤 목표를 향해 나아가는 모든 것은 목표 달성의 필요에 부합하도록 배치되어야 한다. 하지만 인간이 추구해야 할 목표는—신을 관조하며 지복에 도달하는 목표는—인간의 자연적인 능력 바깥에 있다... 결국 인간의 본성은 그가 자연의 원칙을 토대로 실행할 수 있는 것 외에도 목표를 쉽게 달성할 수 있도록 돕는 무언가를 더(aliquid ultra) 누리는 형태로 제정되어(institui) 있다고 보아야 한다... 따라서 영혼의 가장 고귀한 부분이 자유롭게 신을 지향할 수 있도록, 열등한 힘들이 영혼의 지배하에 놓여 있어야만 했다. 이 열등한 힘들 가운데 그 어느 것도 신을 향해 나아가는 인간의 정신을 방해하지 말아야 했기 때문이다. 이와 동일한 이유에서, 정신의 관조적 활동을 방해할 만한 어떤 열정도 부추기지 않는 자세로 육체를 다스릴 필요가 있었다. 이 모든 것이 인간의 목표에 부합하며 인간 안에 실재했음에도 불구하고 그가 죄를 짓고 정도에서 벗어났기에 끝내는 이 모든 자산들이 인간의 자연적 본성 안에서 존재하기를 멈추고 말았다. 결국 인간은 자연에서 유래하는 자산만 지닌 채 살아가게 되었다.(『명제집에 관하여Super Sententiis』lib. II, d. 30, q. 1, a. 1, co.)

펠라기우스라면 마음에 들어 했을 이 설명에서 자연적 '본성'의 개념은 고스란히 '은총'의 합리화라는 목적에 부합하도록 배치된다. (인간의 본성은 ~식으로 구축되어야 할 필요가 있었다… 인간의 몸도 ~하는 자세가 필요했다… 등등) 그만큼 '은총'의 개념이 자연적 '본성'에 깊이 침투해 있어서 실제로는 '은총'과 '자연적 선물'을 구분하는 것이 불가능하다. 인간의 자연적 본성은 단순히 '창조'된 것이 아니라 은총을 통해—원래는 법률 용어였던 단어를 써서—"제정istituita"되었다는 것이 아퀴나스의 생각이다. 하지만 여기서 문제점은 그가 이러한 구분을 단호히 고집하기 때문에 오히려 부각된다. 이 경우에도 다름 아닌 원죄로 인해 은총이 무산되는 순간 '자연적인 것들' 본연의 모습이—부정적인 방식으로—드러난다. 이러한 특징은 아퀴나스가 결코 뚜렷하게 정의하지 않는 이 자연적 자산들이 때로는 자연적인 조건의 한계로, 때로는 은총이 사라지는 순간 형벌로도 제시되는 곳에서 분명하게 노출된다.

인간의 자연적 본성을 이에 고유한 자연적 원칙들의 차원에서 고찰하면 이 원칙들은 형벌이 아니라 단순히 자연적인 결함(defectus naturales), 예를 들어 인간이 무에서 창조되었고 존속을 필요로 한다는 사실처럼 어떤 결함에 불과하다. 이 결함들은 모든 피조물에게 공통된 것이며 어떤 피조물에게도 형벌의 의미를 지니지 않는다. 하지만 인간의 자연적 본성이 신의 은총으로 '제정'되었다는 차원에서 관찰하면, 이 결함들은 의심할 여지없이 형벌이다. 왜냐하면 누가 그의 소유였던 무언가를 [이 경우에는 은총을] 빼앗기면 그가 벌을 받았다고 말하기 때문이다.(같은 곳)

여기서 아퀴나스는 인간 본성의 부정적이고 잔여물적인 성격을 인간에게 특별히 본질적인 요소로 이해한다. 따라서 인간의 자연적 본성 자체를 역설적이게도 그의 죄 때문에, 그러니까 은총을 상실했기 때문에 받는 형벌과 크게 다르지 않은 것으로 간주한다. 아퀴나스에 따르면, 인간의 자연적 본성은 '온전한 자연'과 '부패한 자연'으로 분리되기 이전부터 순수한 '자연'과 '은총'으로 양분되어 있었다. 그의 입장에서 인간의 자연적 본성은 그것이 은총에서 분리될 때 남은 무언가에 지나지 않는다.

5.3. 인간의 자연적 본성을 그 자체로 이해하는 것이 은총의 상실을 전제로만 가능하다는 관점은 은총을 일종의 의복으로 간주하는 비유 속에 함축되어 있다. 신학자들이 오래전부터 즐겨 인용해온 이 비유에 따르면, 아담과 이브는 죄를 짓기 전에 자신들의 벌거벗은 모습을 알아차리지 못했는데, 이는 이들이 무고하고 순진했기 때문이 아니라 이들의 벌거벗은 몸이 은총의 옷으로 가려져 있었기 때문이다. 바로 그런 이유에서—1518년 가톨릭교회가 루터의 대항마로 내세웠고 흔히 카에타누스Caietanus란 이름으로 불리던—데 비오Tommaso de Vio는 아퀴나스의 『신학대전』을 다루는 「주석」에서 인간의 '순수한' 본성과 시원적 '은총에 의한' 본성의 차이를 벌거벗은 사람과 벌거벗긴(expoliata) 사람의 차이에 비유했다. 어떤 몸이 단순히 벌거벗었을 때의 상황은 동일한 몸이 옷을 빼앗겼기 때문에 벌거벗은 상황과는 다르다. 이와 마찬가지로, 인간의 자연적 본성이 자연과는 거리가 먼

은총을 빼앗긴 상태도 은총을 받기 이전 상태의 본성과는 다르다. 벌거벗긴 몸의 상태를 설명해주는 것이 다름 아닌 빼앗긴 옷이듯이, 인간의 자연적 본성은 이제 그가 잃어버린 이 비-자연적 은총에 의해 정의된다. 본성과 은총은—알몸과 옷은—함께 하나의 독특한 장치를 구축할 뿐 아니라 서로 분리된 상태를 자율적으로 유지하는 듯 보이지만 일단 분리된 다음에는, 적어도 인간의 자연적 본성에 관한 한 원래 의미를 그대로 유지하지 못한다. 그렇다면 이는 아퀴나스의 입장에서 인간의 자연적 본성이 실제로는—정확하게 순수한 벌거벗음처럼—포착될 수 없다는 것을 의미한다. 여기에는 벌거벗긴 본성, 즉 부패한 본성만이 존재한다.

5.4. 학자들이 주요적절하게 지적했던 대로 (Torrell, p.112), 아퀴나스가 인간은 신의 은총으로 창조되었다고 확신하는 만큼, 아담이 원죄 이전에도 어떤 순수한 자연적 본성을 지니고 있었으리라는 것은 그의 입장에서 단순한 가설에 불과하다. 어느 시점에선가 아퀴나스는 이렇게 말한다. "신이 인간을 순수하게 자연적인(in puris naturalibus) 존재로 창조하는

것이 일어날 수도 있는 일이었던 만큼, 자연적인 사
랑을 어느 지점까지 확장시킬 수 있는지 살펴보는 일
은 분명히 유용할 것이다."(『쿼드리벳Quodlibet』I, q. 4,
a. 3, co.) 하지만 아퀴나스는 이 '가설'을 매번 반복해
서 내세운다. 왜냐하면 인간의 자연적 본성을 정의
하는 데 필요한 장치의 작동에 필수적인 요소가 바
로 이 가설이기 때문이다. 아퀴나스는 '순수한 자연
(natura pura)'이란 표현을 직접 사용하지 않지만 이에
상응하는 '순수하게 자연적인 것(pura naturalia)'을 빈
번히─정확하게 32번이나─은총의(gratuita) 선물과
대립시키기 위해 사용한다. 인간이 선을 향해 매진
할 수 있는 것은 오로지 이 무상의 선물 덕분이다. 아
퀴나스에 따르면, "이는 자연적인 것이 아니라 무상
의 선물에서 유래한다."[86](『명제집에 관하여』lib. II, d.
29, q. 1, a. 2, ad. 1) 왜냐하면 인간 안의 자연적인 것은
그의 행복에 기여한다고 볼 수 있을 만한 가치가 없
기 때문이다. 결국 "자연적인 것들은 가치를 인정받
을 만한 자격이 없다."[87](같은 책, lib. III, d. 30, q. 1, a. 4,
ad. 1)

아퀴나스는 이 순수하게 자연적인 자산들이 무
엇인지 정의하지 않지만 이에 대한 단서만큼은 제시

하는데, 이는 그가 무고한 아담의 '온전한 자연성'과 죄인 아담의 '부패한 자연성'을 구분할 때 구체적으로 드러난다. 이하의 문장을 살펴보면 실제로 신학자들이 인간의 자연적 본성을 개별적으로, 즉 신이 '주입한' 은총의 선물과 무관한 관점에서 관찰할 때 과연 무슨 생각들을 가지고 있었는지 확인할 수 있다.

> 온전한 자연의 상태에서(in statu naturae integrae) 인간의 활동 잠재력은 자신의 본성에 비례하는, 달리 말하자면 취득된 기량에 상응하는 선bene을 추구하고 실천할 수 있는 자연적 기량에 따라(per sua naturalia) 전개되지만 그의 본성을 뛰어넘는, 다시 말해 '주입된' 기량에 상응하는 선까지 추구하는 것은 아니다. 반면에 부패한 자연의 상태에서(in statu naturae corruptae) 인간은 자연적 본성만으로도 충분히 가능한 것조차 하지 못한다. 그래서 그는 자신에게 비례하는 선을 자신의 자연적 재능만으로는 완성하지 못한다.

이 시점에서 아퀴나스는 '자연적인 것들'이 우리가 익히 알고 있는 인간 활동의 차원에서 어떤 것들인지 설명한다.

그럼에도 죄를 지은 인간의 자연적 본성이 자연적 자산을 모두 상실할 만큼 완전히 부패한 것은 아니기에, 자연이 부패한 상태에서도 인간은 고유의 자연적 기량을 통해 몇몇 특정 자산을 생산적으로 활용할 수 있다. 예를 들어 집을 짓거나 포도원을 경작하는 일, 그리고 이와 유사한 활동들이 가능한 것이다.[88] 하지만 그가 자신에게 자연적으로 주어진 모든 자산을, 마치 여기에 아무런 결함도 없다는 듯 전부 활용할 수 있는 것은 아니다. 환자가 혼자만의 힘으로는 아주 간단한 동작만 가능할 뿐 약을 먹어 병이 완쾌되지 않는 이상 건강한 사람처럼 자유롭게 움직이지 못하듯이, 인간이 모든 자연적 자산을 활용하는 것은 불가능하다.(『신학대전』 p. II, q. 91, Resp.)

이 '자연적인 것들'의 대략적인 목록은 위-아우구스티누스의 저서 『이포뇨스티콘Hypognosticon』*에서 유래한다. 이 글의 저자는 인간의 독단적 자유의지가 신성한 것들을 판단하기에 충분치 못하다고 주장한 뒤 인간에게 고유한 자연적 차원의 자산들이 무엇인지 열거한다.

독단적 자유의지 덕분에 인간은 자연에서 유래하는
자산들을 갈망한다. 예를 들어 밭을 경작하는 일이나
먹고 마시는 일, 친구들을 사귀거나 옷을 입는 일, 집
을 짓거나 아내를 취하는 일, 가축들을 기르거나 유
용한 기술을 배우는 일처럼, 한 마디로 현실 속의 삶
과 직결되는 자산을 갈망하는 것이다.(III, 4, 5, PL 45,
1623)

이 목록에서 우리는 단테가 삶의 지복을 좌우한
다고 했던 "고유한 기량의 활동" 영역을 어렵지 않게
확인할 수 있다. 먹고 마시고 옷을 입는 것처럼 기초
적인 욕구뿐만 아니라 친구를 사귀거나 아내를 취하
고 기술을 습득하는 경우처럼 사회적이고 가족적인
차원의 행위나 기술 역시 이러한 활동 영역에 속한다.

*
『이포뇨스티콘』은 12세기에 집필
된 라틴어 문헌이며 총 9권으로 구
성된 일종의 '주석'이다. 신, 신의
창조, 율법, 유대민족의 고대사, 그
리스도의 현현에서 비롯된 은총 등
을 다룬다.

이 지극히 인간적이고 지상적인 활동들은 전부 ─아퀴나스에 따르면─인간이 은총이라는 선물을 상실한 후에야 완전한 모습을 드러내며 존속하기 시작할 뿐 아니라 죄로 인한 부패 때문에 고유의 목표를 달성하기에는 불충분한 것으로 변해 버린다.

5.5. 그렇다면 이 시점에서, 아퀴나스가 인간의 자연적 본성을 정의하기 위해 사용하는 장치는 과연 어떤 기능을 지녔는지 살펴볼 수 있다. 아퀴나스에 따르면, 인간의 본성은 두 가지 요소로, 즉 순수하게 자연적인 자산과 무상의 은총으로 양분된다. 이 두 요소가 어떤 통합된 형태의 정체를 드러내는 것은, 이들을 오히려 단번에 결정적으로 분리시킬 뿐 아니라 분리된 상태로만 인식되도록 만드는 장치가 활성화될 때에만 가능하다. 이 장치가 바로 '죄'다. 이 장치는 순수한 자연에 적용될 뿐 아니라 은총에도 적용된다. 순수한 자연은 은총이 죄로 인해 무산된 뒤 남는 무언가로, 일종의 여분으로 정의되는 반면 은총의 비-자연적인 성격은 은총이 죄의 결과로 증발하는 순간에만 부각된다.(아퀴나스에 따르면 은총, 그러니까 육체가 영혼에 복종하는 상황은 "자연적이지 않았

다. 자연적이었다면 원죄 이후에도 지속되었을 것이다.") 다시 말해 자연적인 것은 은총이 사라진 뒤 남는 무언가로, 은총은 자연적인 것이 부각될 때("인간에게 그의 자연적인 기량만 남았을 때") 사라지는 무언가로 정의된다. 자연은 은총의 '여분'인 동시에 '전제'다.("은총은 자연적인 것을 전제로 주어진다."(『진리에 관하여De veritate』 q. 27, a. 6, ad. 3) 은총의 전제임에도 불구하고 본질적으로는 고유의 목표를 달성할 능력조차 없는 것이 자연이다. 은총은 무언가 추가되는(aliquid ultra) 것, 자연을 완성하기 위해 자연에 첨부되어야 하는 부차적인 요소다. "은총은 자연을 없애지 않고 오히려 완성한다.(gratia non tollit naturam, sed perficit)"(『신학대전』 Iª, q. 1, a. 8, ad. 2) 그럼에도 불구하고―인간이 죄를 짓기 전에, 낙원에서 온전했던 자연의 6시간을 제외하면―은총은 지상의 삶에서 자연을 완벽하게 만들지 못한다.

여하튼 이 장치의 핵심 요인이 '죄'라면, 그렇다면 원죄의 교리가 지닌 진정한 의미는 인간의 자연적 본성을 분절시켜 본성적으로는 '자연'과 '은총'이 지상의 삶 속에서 결코 상응하지 못하도록 만드는 데 있다고 말할 수 있다. 아우구스티누스가 펠라기우스

를 논박하며 썼던 저서의 제목 '자연적 본성과 은총'
에서 분명하게 드러나듯, '자연'과 '은총'은 아담의 범
죄로 인해 발생한 간극을 사이에 두고 쪼개져 있는
두 단상에 불과하다.

5.6. 자연적 본성과 무상으로 주어지는 은총, 즉
자연성naturalia과 무상성gratuita의 분리 현상 속에 내
재하는 인간본성의 불충분성은 낙원에 사는 아담의
동물적 신체에 관한 교리에서 분명하게 드러난다. 아
퀴나스에 따르면, 죄를 짓기 전에 낙원에 살던 아담
의 불멸성과 부패불가능성은 자연에서 유래하지 않
고 은총에서 유래한다. 여타의 생명체들과 마찬가지
로, 아담은 동물의 신체를 지닌 존재로 창조되었지만
여기에 은총의 선물이 첨부되고 이 상태가 **정원**에 머
무는 동안 내내 그대로 유지된다. 아퀴나스는 이렇게
말한다.

> 낙원은 인간이 시원적인 상태의 부패불가능성을 유
> 지하며 살기에 적합한 장소였다. 하지만 이 부패불가
> 능성은 자연적 인간에게 속했던 것이 아니라 신의 초
> 자연적인 선물로 주어졌다.(non erat hominis secundum

naturam, sed ex supernaturali Dei dono) 이 선물이 인간의 본질적인 자연성에서 비롯되지 않고 신의 은총에서 비롯되었다는 점을 깨달을 수 있도록, 신은 인간을 먼저 낙원 바깥에서 창조한 뒤 낙원에 들여보냈다. 이는 여기서 인간이 동물적인 삶의 시간을 전부 영위할 수 있도록(ut habitaret ibi toto tempore animalis vitae), 그리고 뒤이어 그가 영적 삶이라는 목표에 도달할 경우 하늘로 이주할 수 있게 하기 위해서였다.(『신학대전』Iᵃ, q. 102, a. 4, co.)

아담이 생존을 위해 양분을 섭취할 필요는 없었다고 주장하며 그 이유가 결과적으로 발생하는 더러운 배설물이 낙원의 존엄성에는 전혀 어울리지 않았기 때문이라고 주장하는 이들의 의견을 반박하며, 아퀴나스는 동물적인 삶의 기능들이—소화와 배설 기능을 포함해서—모두 그대로 유지된다고 말한다. 물론 배설의 혐오스러운 불결함만큼은 유지되지 않는다. 왜냐하면 "이를 신이 알아서 제거해주기"[89](『신학대전』Iᵃ, q. 97, a. 3, ad. 4) 때문이다. 하지만 동물의 신체적 기능에 매번 은총이 무상으로 무언가 본질적인 것을 첨부하는 만큼, 이 기능들이 은총 없이 할 수 있는 일들의 영역은 어김없이 줄어들고 하찮아진다. 이런 식으로 아담의 몸을 지배하는 일련의 균열 때문에, 그의 몸 안에 있는 어떤 초자연적 선물의 실재가 부각될수록 동물의 결함은 더욱더 분명하게 노출된다.

아담의 몸은 그 안에 이미 존재하는 어떤 왕성한 형태의 불멸성으로 인해 썩지 않는 몸이 되지 않았다. 영혼에 중요한 것은 오히려 신이 초자연적인 방식으로 선사한 어떤 힘이라고(vis quaedam supernaturaliter divinitus data) 봐야 한다. 이 힘으로 몸을 모든 부패로부터 보호할 수 있었다. 이 힘이 신에게 복종하는 한… 이성적 영혼의 비율이 신체적 질료를 초월하는 만큼, 처음부터 영혼에 어떤 기량을 부여할 필요가 있었다. 그래야 신체적인 질료를 뛰어넘어 몸을 보존할 수 있었기 때문이다.(『신학대전』 Iᵃ, q. 97, a. 1, co.)

5.7. 아담의 동물적 신체에 관한 교리의 원형 역시 아우구스티누스의 신학에서 발견된다. 『신국론』에서 그는 낙원에 머물던 인간의 몸이 결코 영적이지 않으며 동물적인 성격을 지녔다고 말한다.

신이 흙으로 빚은 최초의 지상인은 살아 숨 쉬는 존재
로만 창조되었을 뿐 생동하는 영으로는 창조되지 않
았다. 후자는 인간의 복종에 대한 일종의 보상으로 준
비되어 있었을 뿐이다. 그의 몸은 굶주림과 목마름에
서 벗어나기 위해 먹고 마실 것이 필요했을 뿐, 죽음
의 필연성이 먼 미래의 문제였을 때, 아울러 어떤 절
대적 불멸성이 아니라 생명나무에 힘입어 꽃다운 젊
음을 유지할 수 있었다. 이처럼 그의 몸은 의심할 여
지없이 생기를 지닌 몸이었지만 영적인 몸은 아니었
다. 그럼에도 불구하고, 그가 만약 죄를 짓지 않았다
면, 그래서 신이 예고했던 그 무서운 심판을 받지 않
았다면 그의 몸도 죽음의 지배하에 놓이지는 않았을
것이다.(『신국론』 XIII, 23, 1)

아우구스티누스는 부활한 영적 몸에 관한 「고린
도전서」 15장 42~46절의 문장을, 바울의 의도는 이
영적 몸과 전적으로 동물적인 몸을 대립시키는 것이
었다는 의미로 해석했다.

사도 바울에 따르면, 최초의 인간은 동물적인 몸으로
창조되었다. 실제로 바울의 의도는 '우리가 지금 지

닌' 동물적인animale 신체와 '우리가 부활할 때 지니게 될' 영적spirituale 신체를 구분하는 것이었다. 그래서 그는 이렇게 말한다. "썩을 것으로 심어 썩지 않을 것으로 되살아나고, 욕된 것으로 심어 영광스러운 것으로 되살아나며... 동물적인 몸으로 심어 신령한 몸으로 되살아나니..." 그리고 이 동물적인 몸의 정체를 증명하기 위해 이렇게 덧붙인다. "기록된 바, 최초의 인간 아담은 생기anima 있는 자가 되었다." 물론 신이 창조하고 생기를 불어넣었을 때 아담이란 이름으로 불린 인간에 대해 성서에는 "최초의 인간은 동물적인 몸으로 창조되었다"가 아니라 [바울의 표현대로] "최초의 인간은 생기 있는 자가 되었다"라고 기록되어 있지만, 그럼에도 불구하고 바울이 여기서 밝히고자 한 것은 동물적인animale 몸의 정체다. 바울은 이러한 표현으로 우리가 인간의 동물적인 몸을 이해하길 원했다... 바울은 자신이 "최초의 인간은 생기 있는 자가 되었다"라고 쓸 때 말하려는 것이 동물적인 몸이며 반대로 "마지막 아담은 생동케 하는 영이 되었다"라고 쓸 때 말하려는 것이 영적 몸이라는 점을 아주 분명하게 보여준다. 실제로 먼저 온 것은 동물적인 몸이다. 그것이 바로 최초의 인간 아담이 지녔고 그가 죄만 짓지 않았다면 불멸이었을 몸이자 지금 우리 역시 지니고 있는 몸이다. 이는 죄에 필연적으로 뒤따르는 죽음으로 인해 몸의 본질이 변했고 부패했기 때문이다.(『신국론』 XIII, 23, 2)

아우구스티누스가 아담의 몸을 작정하고 폄하한다는 점은 분명해 보인다. 그래서 심지어는 「창세기」 2장 7절의 문장 '주가 사람의 코에 생기(spirito di vita)를 불어넣으시니 그가 살아 있는 영혼이 되었다'를 주저하지 않고 과장되게 해석해 아무런 근거 없이, 성경에서─실제로는 그리스어 번역본 70인역 성서에서─'영(spirito)'을 가리키는 용어는 pneuma[바람, 생기, 숨]가 아니라 pnois[입김, 숨결]이며 이 단어가 "창조주보다는 피조물에 더 어울리는 이름"(『신국론』 XIII, 24, 3)이라고 주장한다. 아우구스티누스의 입장에서 낙원에 사는 아담의 삶은 동물적인 신체의 삶이다.

5.8. 낙원에서 아담의 몸은 은총 없이 무엇을 할 수 있나? 인간의 순수하게 동물적인 몸이 할 수 있는 것은 무엇인가? 이 질문들은 신학적인 차원에서 인간의 본성이 치유할 수 없는 형태로 분열되어 있다는

점을 들춰낸다. 인간이 자연적인 상태에서 할 수 있는 행위의 어느 정도 세밀한 목록은―"밭을 경작하는 일이나 먹고 마시는 일, 친구들을 사귀거나 옷을 입는 일, 집을 짓거나 아내를 취하는 일, 가축들을 기르거나 유용한 기술을 배우는 일, 한 마디로 현실 속의 삶과 직결되는 이 모든 일들은"―지상에서 살아가는 인간들의 활동 영역 자체와 일치한다. 그럼에도 불구하고 신학이라는 장치는 이 활동들을 한정적이고 열악한 범주 안에 몰아넣는다. 이때 신학은 무언가를 삭제하는 것이 아니라 오히려 덧붙인다. 그것이 바로 은총이다. 하지만 이 은총이 인간의 죄 때문에 사라지는 순간부터 인간의 삶과 행위는 결여와 결함이 특징인 이른바 '순수하게 자연적인 것'으로 변신한다.

인간의 본질은 결국 인간 스스로에게 불충분한 것으로 변한다. 신학자들이 수도 없이 반복하며 인용해왔을 뿐 아니라 다름 아닌 아우구스티누스의 글로 추정되는 한 문장에 따르면, "아담은 서 있을 수 있었지만 걸을 수는 없었다.(Stare Adam poterat, pedem movere non poterat)" 이 문장을 피에트로 롬바르도는 이런 의미로 이해했다. "아담은 자신이 받은 분량에 따라 행동하지 않을 수도 있었지만 구원받을 만한 행위는 할 줄 몰랐다”(『명제집』 LIB. II, dist. 24, cap. 1) 하지만 ‘동물적인 몸’과 ‘정신적인 몸’의 구분, ‘자연적인 것’과 ‘은총에 의해 무상으로 주어지는 것’의 구분은 사실상 이러한 불충분성을 정형화하는 데에만 쓰이며, ‘온전한 자연’과 ‘부패한 자연’의 구분도 이러한 결함이 인간의 자연적 본성에 치유될 수 없는 형태로 각인되어 있음을 피력하는 데 소용될 뿐이다. ‘온전한 자연’이란 그것의 옷과 다를 바 없는 은총이 사라지자마자 곧장 스스로의 벌거벗음을 부끄럽게 드러내는 무언가에 불과하며 ‘죄’란 이 ‘온전한 자연’ 안에 처음부터 각인되어 있는 결함의 활성화 작업자에 불과하다. 따라서 이러한 신학적 관점에서는 ‘지상낙원’도—인간이 ‘죄’ 때문에 쫓겨났던 장소인 만큼—인간의 본성이 도달해야 할 완성의 지표라기보다는 오히려 인간이 본성적으로 지닌 결함의 지표다.

이러한 유형의 교리에 대해 가장 근본적인 차원의 비판을 시도한 인물들이 바로 에리우게나와 단테다. 에리우게나에 따르면 신이 인간을 동물로 창조한 것은 그가 인간 안에 자연 전체를 창조하고자 했기 때문이다. 바로 그런 이유에서 “인간은 모든 동물 안에 있고 모든 동물은 인간 안에 있다.” 여기에는 모든 생명체를 침투하는 하나의 단일한 "생동적 움직임"이 있고 하나하나의 생명체도 그 자체로 온전한 생명이다. 왜냐하면 아리스토텔레스가 말하는 세 종류의 생명력, 즉 생장적vegetativa, 감성적sensitiva, 지성적intellettiva 생명력은 사실상 단 하나의 힘이기 때문이다. 인간의 자연적 본성 자체는, 여기에 은총을 덧붙이지 않아도 "그의 동물적인 실체 안에서 고스란히 신의 형상대로 존재하며 신의 형상 안에서 고스란히 동물로 존재한다." 죄는 의지에서 비롯된 행위인 만큼 결코 자연을 오염시키지 못한다. 자연은 "그 자체로 자유롭고 모든 죄에서 고스란히 벗어나 있으며" 따라서 모든 벌에서도 제외된다. 벌은 자연이 아닌 행위와 직결될 뿐이다.

단테에게 분명히 익숙했을 이러한 내용들은 그의 저서에서 상당히 정치적인 색채를 띠며 부각된다. 마르코 롬바르도의 명쾌한 설명에 따르면, 인간들을 죄인으로 만드는 것은 "나쁜 행위"이지 자연적 본성이 아니다.("그대들 안에서 부패했을 자연적 본성이 아니다.")『신곡』에서 치밀하고 무자비한 처벌의 대상은 인간의 자연적 본성이 아니라 인간의 행위다. 인간의 자연적 본성은 과거에도 그랬고 지금도 여전히-그리스도를 통해-무고하며 자유롭다. 이러한 전제들과 일관되게, 단테의 '지상낙원'은 "이[현세적] 삶의 지복beatitudo huius vitae"과 개인적으로든 정치적으로든 지상에서 '가능한 행복'의 지표다. 인간은 그의 자유와 주권에 복종하며-"그대의 판단은 자유롭고 바르며 온전하니... 내가 그대를 그대 자신의 주인으로 세워 왕관과 성관을 씌우노라"[90](「연옥」 27, 140~142)-단테가 그랬듯이 다시 **정원**에 들어가 사랑에 빠진 소녀 마텔다를, 그러니까 이곳에서 한 번도 벗어난 적이 없는 마텔다로 의인화된 '무고함innocenza'과 '시원적 정의giustizia originale'를 만날 수 있다.

단테가 말하는 지상낙원은 신학자들이 말하는 낙원의 부정이다. 그렇다면 특이하다고 볼 수밖에 없는 것은 이처럼 상반되는 입장이 만천하에 드러나 있음에도 불구하고 모두들 단테를 여전히 아퀴나스와 스콜라신학의 관점에서 해석한다는 사실이다. 이러한 현상은 한 저서의 내용을 성례[교리]로 간주하는 것만큼 이를 감추고 해독불가능하게 만드는 것도 없다는 사실을 분명하게 보여준다.

6. 왕국과 정원

6. 왕국과 정원

6.1. 프란시스코 수아레스Francisco Suárez는 그의 『주석서Commentaria』에서 토마스 아퀴나스의 저서 『창조주 신에 관하여De Deo effectore』의 핵심은 "일어난 적도 없고 앞으로도 결코 일어날 수 없을 야릇한 일"이라는 점을 인정하면서도 어느 시점에선가, 만약 아담이 죄를 짓지 않았다면 인간의 상황은 과연 어떤 식으로 전개되었을 것인가라는 문제를 제기한다.(『주석서』 제 5권은 "인류의 선조들이 죄를 짓지 않았다면 이 세상의 여행자들이 뒤이어 맞이했을 상황에 대하여"[91]라는 문구로 시작된다.) 수아레스는 인류가 무고한 상태에서 번식하는 가운데 인구도 늘어났으리라는 점을 상세히 논술한 뒤 중혼, 불임, 신

체적 결함 같은 문제 등이 뒤따랐을 것이라는 일각의 의견을 논박하고, 무고한 상태에서는 결혼 후에도 처녀성이 그대로 유지되었으리라는 가설까지 검토하며 "인간이 생명을 보존하기 위해 사용하는 수단들"(『주석서』 VII, 4)이 무엇인지 열거하지만, 뒤이어 "무고한 상태에서도 과연 정치 공동체가—그것이 마을이든 도시든 혹은 나라든—등장했을 것인가"[92]라는 문제에 봉착한다.

인간들이 무고한 상태에서 "남편과 아내의 결합 및 번식을 토대로 가족 공동체societas domestica"를 이루었으리라는 점은 수아레스의 입장에서도 의심의 여지가 없는 사실이다. 반면에 그가 좀 더 까다롭게 느끼는 것은 '정치 공동체societas politica'의 필요성이다. 왜냐하면 "무고한 상태에서는in statu innocentiae '적'이 존재하지 않을 뿐 아니라 모든 가정의 자급자족이 원만하게 이루어진다고 봐야 하기 때문이다. 어쩔 수 없이, 수아레스는 이렇게 말한다.

태초의 무고한 상태가 유지되었을 경우, 인간들이 일종의 완벽한 사회 혹은 왕국에 있을 법한 정치 공동체를 이루었으리라는 점은 인정할 필요가 있어 보인다. [...] 인간들의 단합이 어떤 우발적인 사고나 인간 본성의 부패를 계기로 이루어지지 않으며 오히려 어떤 상황에서든 인간들에게 유리하고 인간적인 완성에 기여한다는 사실이야말로 이 완벽한 사회의 기반이다.(『주석서』 VII, 6)

하지만 수아레스가 뒤이어 설명하는 이 "완벽한 사회"의 이미지는 상대적으로 실망스럽게 다가온다. "인간이 인간을 지배하는dominium hominis ad hominem" 상황이 발생했을 것인가라는 문제를 해결하기 위해 수아레스는 '소유주적 지배dominium proprietatis'와 '지시적 혹은 통치적 지배dominium directivum seu gubernativum'를 구분한다. 달리 말하자면 주인이 노예를 지배하는 경우와, 공동선을 기준으로 타자들을 판단하며 이들에게 명령할 수 있는 기량으로서의 지배를 구분한 것이다.(같은 곳, 11) 첫 번째 형태의 지배가 무고한 상태에서는 어떤 이유로든 실행될 수 없는 반면, 두 번째 형태의—우리가 익히 알고 있는 유형의 여러 사회를 좌우하는—지배는 그 필요성이 낙원에서도 그대로 유지된다. 남편이 아내를 상대로 통치권을 행사하는 경우처럼, "완전한 공동체에서도 통치자가 피통치자들을 상대로 행사하는 법적 지배dominium iurisdictionis가 요구된다.” 수아레스는 이 통치권이 일부의 의견대로 죄에서 유래하는 것이 아니라 공동체의 본질 자체에 내재하며[93] “인간 본성의 상태가 어떻든 간에, 예를 들어 순수하든, 완전하든, 부패했든 간에”[94] 유효하다고 밝힌다. 이 통치권의 지배에 상응하는 복종도 어떤 식으로든 무고한 상태의 완성을 방해하지 않는다. 왜냐하면 복종이 인간들의 자유 의지까지 빼앗는 것은 아니기 때문이다.

한편 이 통치권은 피통치자들을 형벌로 위협하는 강압적인 권력이 아니라 더 많은 이들의 이익과 공동체의 평화를 목표로 통치해야 할 임무를 지닌 권력이다.

물론 수아레스가 곧장 덧붙여 밝히듯이 “이는 당연히 자신들의 무고함을 고스란히 유지하는 피통치자들의 경우에 해당하는 이야기다. 몇몇이 죄를 짓는다면 상황은 다르게 전개되었을 것이다.”(같은 곳, 12)

한편으로는 토마스 아퀴나스도 보다 확신에 찬 어조로 “인간이 인간을 지배하는” 상황이 필요하며 이 지배권은 “자유인들을 통치하고 지도할 권한이 있는 자에게" 주어진다고 말한다.(『신학대전』 Iᵃ, q. 96, a. 4, co.)

무고한 상태에서도 인간이 인간을 지배하는 상황은 발생했으리라고 봐야 한다. 그 이유는 두 가지다. 첫 번째는 당연히 인간이 사회적 동물인 만큼 무고한 상태에서도 사회적인 방식으로(socialiter) 살았을 것이 분명하기 때문이다. 단지 공동선을 추구하는 방향으로 인간들을 이끌 누군가가 없다면 다수의 사회적 삶도 있을 수 없다. 실제로 다수는 다양한 것들을 추구하기 마련이고 단수만 단일한 것을 추구할 수 있다… 두 번째 이유는 만약 어떤 사람이 학문이나 정의를 실현하는 데 있어서 누구보다 월등히 뛰어나다면 그를 활용하지 않는다는 것은 모두의 이익을 위해서도 결코 유익하지 않기 때문이다.(같은 곳)

6.2. 태초의 무고한 인간사회에 대한 이러한 유형의—기괴할 뿐 아니라 비유의 흔적을 조금도 찾아볼 수 없는—설명이 더할 나위 없이 분명하게 증언하는 것은 신학자들이 지상낙원을 어떤 식으로든 정치 패러다임으로 간주하지 않는다는 사실이다. 이러한

설명의 맥락에서 지상낙원이 지니는 유일한 의미는 낙원에서 노예들에 대한 지배와 부동산의 소유가 배재된다는 것뿐이다(수아레스는 동산과 가축들의 경우 고유의 권리peculiare ius를 인정한다고 밝힌다). 사실 이러한 유형의 배재를 교회는 빈번히 낙원의 상황과도 무관하게 주장해왔다. 하지만 한 전통적인—신학자들의 입장에서 결코 무시할 수 없는—견해에 따르면, 지상낙원은 신약 성서의 핵심 내용, 즉 신의 **왕국**basileia tou theou과 밀접한 연관성을 지닌다. 이러한 관점을 고수하는 입장은 후기 유대주의의 묵시록 문학에 자주 등장한다. 예를 들어『레위의 언약』* 결론 부분에서 저자들은 예언자적 어조로, 세상이 끝나고 "주님이 이스라엘 안에 머무는" 날이 오면 지상에 새로운 사제가 나타나 "진리의 심판"을 내리고 의로운 자들을 위해 지상낙원의 문을 열게 되리라고 선포한다.

*

『레위의 언약Testamento di Levi』은 대략 기원전 2세기 말에 그리스어로 쓰인 구약 외경『12 족장의 언약』가운데 하나다. 이 문헌은 야곱의 열두 아들들이 세상을 떠나기 전에 후세에 남겼으리라고 추정되는 글들이며, 신과 타자에 대한 사랑을 권고하고 희망찬 미래를 약속하는 내용이 주를 이룬다.

그가 사제직을 맡을 때 죄가 사라지고
법의 위반자들이 악행을 멈추리라.
그가 낙원의 문을 열어,
아담을 위협하던 칼의 방향을 바꾸고
성인들에게 생명나무의 양식을 선사하리니
이들 위로 신성한 영이 내려오리라.(18, 10~11)

그리스도교 태동기에 널리 읽힌 『에티오피아 에녹서』의 저자들도 **왕국**의 종말론적 도래를 생명나무의 회복 및 낙원 상태의 복원과 일치하는 것으로 간주한다. 불현듯 눈앞에 나타난 산꼭대기의 향기로운 나무가 과연 무엇인지 묻는 에녹에게 천사는 이렇게 답한다.

그대가 보는 이 높은 산의 정상은 주님의 왕좌다. 이것이 바로 위대하고 신성하며 영광스러운 주님, 영원한 왕이 땅을 방문하기 위해 내려와 앉게 될 왕좌다. 이 향기로운 나무는 위대한 심판의 날이 올 때까지 그 누구도 건드리지 못한다. 그가 모두의 한을 풀고 모든 것이 끝날 때, 이 나무는 의인들과 하층민들의 몫이 될 것이다. 선택받은 자들이 바로 이 나무의 열매에서 생명을 선사받을 것이다. 이 나무는 영원한 왕이 되신 주님의 집, 북녘의 성지 가까이에 있다. 그러므로 성전에서 모두가 기뻐 즐거워하며 나무의 향기를 자신들의 뼛속까지 빨아들일 것이다. 그대의 선조들처럼, 이들도 지상에서 오래오래 살 것이며, 불행이나 번뇌나 환난이 이 세대를 건드리지 못하리라.(25, 3~6)

트렌토 공의회가 열리기 전까지는 불가타 라틴어 성경에 포함되어 있던 『에스라 묵시록』에도, 4백 년간 지상을 다스리게 될 메시아가 도래할 때 "게헨나의 용광로와 이에 맞서 희락의 낙원이 함께 등장할 것"이라고 쓰여 있다. 후기 유대주의에서, 지상왕국은 다윗의 혈통을 이어받은 메시아에 의해 복원되며, 이스라엘을 억압해온 민족들이 패배한 뒤 에덴의 정원에서 열릴 만찬과 함께 완성되는 것으로 묘사된다. 이 만찬에서 의인들은 리바이어던과 베헤모스의 고기를 먹는다.

물론 그리스도교의 전통을 고려할 때 좀 더 중요한 것은, 신약 성서에 세 번 등장하는 '낙원'이라는 용어가 두 번이나 **왕국**과 직결된다는 사실이다. 먼저 「누가」 23장 42~43에서, 예수와 함께 십자가에 오른

죄수가 "예수여 당신의 **왕국**에eis basileian sou 들어가실 때 나를 기억해주소서"라고 간청하자, 예수는 마치 **왕국**과 '낙원'이 동의어라는 듯 "오늘 네가 나와 함께 **낙원**에en toi paradeisoi 있으리라"고 대답한다. 「요한계시록」 2장 7절에서도, **영**Spirito은 "승자에게"—즉 종말이 다가올 때 마지막 시험을 통과한 뒤 영원한 **왕국**에 들어갈 자에게—"신의 **낙원**에 있는 생명나무에서 양식을 얻게 하리라"고 말한다.

6.3. 신학자들의 일관적인 침묵에도 불구하고, 다름 아닌 이단으로 분류되던—예를 들어 보쉬가 프라도의 삼면화를 제작할 때 영감을 준 '자유정신' 같은—종교 운동의 지도자들이 지상낙원을 언제나 단호하게 **왕국**과 동일한 것으로 간주했다는 점은 사실 그리 놀랄 만한 일이 못된다. 그만큼 일찍부터 초대교부들도 **왕국**과 **정원**의 연관성에 대해 자주 언급했을 뿐 아니라 왕국을, 유대교적 종말론에 의거해, 종말 직전에 도래하는 지상왕국으로 이해했다. 「요한계시록」에서도 이 왕국은 사실 고대의 뱀 사탄이 사슬에 묶인 채로 심연에 버려진 천년의 시대와 일치한다.

내가 보니, 무저갱의 열쇠와 커다란 사슬을 손에 든
천사가 하늘에서 내려와 용, 즉 옛 뱀, 마귀 혹은 사탄
을 잡아 천년 동안 꼼짝하지 못하도록 결박한 뒤 무저
갱에 던져 감금하고 문을 봉인해 천년이 다 찰 때까지
그가 나라들을 미혹하지 못하게 하였으니.(20, 1~3)

바로 이 시점에서 "첫 번째 부활he anastasis he prote"
이 이루어지고, 뒤이어 짐승을 숭배하지 않은 이들이
그리스도와 함께 천년 동안 땅을 다스리게 된다.

첫 번째 부활에 참여하는 자들은 거룩하고 복이 있나
니, 두 번째 죽음이 이들을 건드리지 못하리라. 이들
은 오히려 신과 그리스도의 제사장이 되어 그리스도
와 함께 천 년 동안 왕 노릇을 할 것이다(basileusousin
met' autou chilia ete).(20, 6)

파피아스*와 유스티누스**가 전통적인 종말론을
수용하면서 의인들이 육체의 부활 후에 지상을 천년
동안 행복하게 다스릴 것이라는 견해에 동의하는 것
으로 그쳤다면, 뒤이어 본격적으로 이른바 천년 왕국
의 신학을 구축한 인물은 이레네오***다. 「요한계시

록」의 문장을 비롯해 흔히 천국의 현실을 입증하는 데 사용되는 구약의 예언서들, 예를 들어 「이사야」 11장 6~10절, 「에스겔」 37장 12~14절, 「예레미야」 31장 10~13절과 바울의 서신들에 대할 알레고리적인 해석을 모두 거부하며, 이레네오는 이렇게 말한다.

이 모든 표현들이 천상의 현실을 가리킨다고는 보기 어렵다. 이 표현들은 왕국의 시대, 즉 이 땅이 혁신되고 예루살렘이 저 높은 곳에 있는 천상의 예루살렘을 모델로 재건될 때를 가리킬 뿐이다.(Ireneo, p.444)

왕국은 무엇보다도 우주론적 의미를 지닌다. 이레네오는 특히 이 의미의 연대기에 주목한다. 위-바르나바****가 남긴 지표들을 토대로 이레네오는 세계의 창조에 소요된 '7일'과 세계의 역사를 가로지르는

---

* 파피아스Papias Hierapolis(60년경 ~130년 이후). 고대 그리스의 성인이자 히에라폴리스의 주교로, 최후의 심판 전에 지상낙원이 천년동안 지속되리라고 보았던 초기 천년왕국설의 지지자들 가운데 한 명이다.

** 순교자 유스티누스Justinus(100년 ~165년경). 초기 그리스도교 철학자들 가운데 한 명으로 플라톤 철학의 영향을 받았다. 가톨릭에서는 철학자들의 수호성인으로 간주하는 인물이다.

'7세대' 간의 상응관계를 정립한다.

세상은 만들어지는 데 소요된 날들의 수에 정확히 상응하는 수의 천년 주기가 지나야 완성 단계에 이른다. 바로 그런 이유에서 「창세기」 저자는 이렇게 말한다. "그렇게 천지와 만물이 다 이루어졌다. 신이 하던 일을 여섯째 날에 마치고 모든 일에서 벗어나 일곱째 날에 안식하니라." 다시 말해 이 문장은 과거에 일어난 사실들의 서술일 뿐 아니라 미래에 일어날 일들의 예언이기도 하다. 실제로 "주님의 하루가 마치 천년과도 같고" 6일 만에 모든 것들이 만들어졌다면, 분명한 것은 6천년이 되는 시대에 모든 것이 완성되리라는 점이다.(p.358)

이레네오에 따르면, 일곱 번째 날에 상응하는 일

***

이레네오Ireneo(122~202). 리옹의 주교였고 초대교회의 신학에 지대한 영향을 끼친 인물이다. 사도 요한의 제자였던 폴리카르포스의 문하생으로 플라톤 철학의 영향을 받았다.

****

서기 1세기 전후에 쓰였을 것으로 추정되는 「바르나바의 서신」의 저자를 지칭하는 이름이다. '위'가 붙는 이유는 사도 바울의 조력자 사도 바르나바의 저서로 오랫동안 잘못 인식되어 왔기 때문이다.

곱 번째 밀레니엄이 **왕국**의 시대다. 바로 이 시대에 "주님이 하늘에서 구름을 타고 내려와 적그리스도와 그의 추종자들을 모두 쫓아내고 의인들에게 왕국의 시대, 즉 휴식의 시대를 선사할 것이다."(p.386)

이레네오가 제시하는 교리의 이론적 핵심은—**왕국**이 일곱 번째 밀레니엄과 일치한다고 보는 연대기적 관점을 뛰어넘어—구원의 현세적 현실이 필연적으로 요구되며, 그 이유는 이 구원의 현실 속에서 즉각적으로 대두되는 문제가 바로 창조의 원천적 상황이기 때문이라는 점을 강조하는 데 있다. 실제로 이레네오는 「로마서」 8장 19~21절에서 "피조물들은 신의 자녀들이 나타나기를 학수고대하며apokaradokia 기다리니"라고 말하는 바울의 설명을 다름 아닌 **왕국**의 우주론적 관점에서 해석했다. "신의 자녀들이 영광스럽게 누려야할 자유를 위해 피조물 자체가 부패의 노예 신분에서 자유로워질 것"이라면 이는 곧 모든 피조물과 함께, 천년 왕국에서 인간의 본성 자체가 원래의 완전하고 자유로운 상태로 복원되리라는 것을 의미한다.

실제로 신은 모든 것에서 풍요로우며, 만물이 그에게

속한다. 따라서 의인들에게 쓰일 수 있도록, 자연적인 조건 자체가 아무런 조건 없이 원천적인 상태로 복원될 필요가 있다.[95](p.398)

왕국이 필요한 이유는 인간들이 지상에서 빼앗겼던 그 행복을 다름 아닌 지상의 조건 자체에서 되찾아야 하기 때문이다.

이들이 고통을 겪으며 수없는 도전에 응해야 했던 것과 동일한 조건에서 자신들의 고통의 열매를 취하는 것이 옳고, 살해당했던 것과 동일한 조건에서 생명을 얻는 것이, 또 노예 생활을 했던 것과 동일한 조건에서 다스리는 것이 정당할 것이다.[96](p.398)

이레네오가 제시하는 **왕국**의 신학에서 지상의 현세적 지복은 영원한 지복에 선행하는 것으로 정의된다. 왜냐하면 지상에서 관건은 바로 인간의 본성을 원래의 완전한 상태로 복원하는 일이기 때문이다.

그렇다면 이레네오가 이 시점에서 구체적으로 '지상낙원'을 언급하는 것도 그리 놀라운 일은 아니다. 이레네오에 따르면, 의인들이 **왕국**에서 취하게 될 집은 형태가 다양해서 하늘에, 즉 복원된 예루살렘에 있을 수도 있고 지상낙원에도 있을 수 있다.

어떤 이들은 적절하다고 판단될 경우 천상의 집으로 올라가고 다른 이들은 **정원**에서 기쁨을 누리며(tes tou paradeisou thryphes apolausousin) 또 다른 이들은 도시의 아름다움과 광채를 즐길 것이다.(p.458)

어떤 경우에든, 때가 되면 "신은 도처에서 목격될 것이다." 왜냐하면 "만물이 신의 것이고, 그가 각자에게 가장 어울리는 집을 선사하기" 때문이다.

6.4. "그리스도는 **왕국**의 도래를 선포했는데 정작 등장한 것은 교회다." 알프레드 르와지Alfred Loisy의 이 아이러니한 표현 속에 숨어 있는 문제를 지나치게 껄끄러워한 학자들의 성향은 이에 대한 언급을 아예 회피하는 쪽으로 기울어졌지만, **왕국**이 복음서의 본질적인 내용이고 의심할 여지없이 그리스도 안에 실재한다면, 가장 중요한 것은 교회의 현실에 비해 왕국의 현실이 어떤 방식을 취하는가라는 문제다. 교회와 왕국의 관계가 지닌 문제적인 성격은, 이레네

오 및 초대 교부들이 제시했던 **왕국**의 신학이 교회가 제도적으로 체계화됨에 따라 점차적으로 자취를 감추었다는 사실에서 분명하게 드러난다. 대표적인 예는, 이레네오가 세상을 떠난 뒤 1세기 후에 다름 아닌 로마제국과 교회의 동맹을 추진했던 카이사레아의 에우세비우스Eusebius가 그의 저서『교회사Historia Ecclesiastica』(III, 39, 11)에서 **왕국**에 대한 초대 교부들의 가르침을 일종의 "상당히 우화적인mythikotera" 교리로 정의했다는 사실이다. 바로 이 우화적인 신학을 논박하기 위해 에우세비우스가 근거로 내세우는 것은 [박해를 두려워하던] 그리스도교도들이 황제 도미티아누스의 질문에 답변하며 내놓았던 다음과 같은 의견이다. "그리스도의 왕국은 세속적인 지상의 왕국이 아니라 천사적인 천상의 왕국이며, 세상의 종말 후에야 나타날 것입니다. 이 때 그리스도가 영광 가운데 재림해 산 자와 죽은 자를 인도할 것입니다."(같은 책, 20, 4)

한편으로는 테르툴리아누스Tertullianus도 특별히 주목을 요하는 저자다. 왜냐하면 바로 그의 저서에서 왕국은 지상의 공간이라는 관점이 왕국은 천상의 영적 공간이라는 관점으로 전이되는 과정을 포착할 수 있기 때문이다. 육신의 구원론을 부인하던 마르키온의 입장을 논박하기 위해 테르툴리아누스는 지상왕국에 대한 종말론적 믿음을 제시하지만, 이 지상왕국은 아이러니하게도 "신성한 힘으로 하늘에서 내려온 예루살렘에 위치한다."(『마르키온 논박Adversus Marcionem』 III, 24, 3) 게다가 그는 왕국의 영적 성격을 집요하게 강조하며 왕국은 본질적으로 "천상의" 공간이라고 말한다(『그리스도교 문헌집Corpus Christianorum』의 편집자들은 테르툴리아누스의 "바로 그런 이유에서 왕국은 천상에 있다Haec ratio regni celestis"라는 표현에 너무 당황한 나머지 "천상아래subcaelestis"로 수정이 필요하다는 의견을 피력하기까지 했다). 테르툴리아누스는 세속인들도 익히 알고 있던 다음과 같은 이야기를 인용한다. "유대 땅에서는 한 천상의 도시가 날이 밝아옴에 따라 성벽들이 무너지며 해방되는 것을 40일간 목격했다." 이 소식을 전하면서 테르툴리아누스는-이레네오를 인용하는 듯 보이는 표현으로-신이 "부활할 성인들을 받아들이기 위해" 이 도시를 예비했고 그 이유는 "신의 종들이 그의 이름으로 고통 받았던 바로 그 곳에서 기뻐하는 것이 그가 높이 살 일이기 때문이다"

라고 전한다. 그럼에도 불구하고, 테르툴리아누스
에 따르면, "우리의 시민권은(politeuma nostrum sive
municipatum) 하늘에 있다."(같은 곳) 그만큼 그가 『부
활에 관하여De resurrectione』에서 '지상왕국'을 유대교
적 교리로 정의하며 단호하게 비판하는 것은 그리 놀
라운 일이 아니다. 테르툴리아누스의 입장에서, "지
상의 보물만 기대하기 때문에 천상의 보물을 잃는"
유대인들은 성지를 유대의 땅으로만 인지하지만, 성
지란 "그리스도의 옷을 입은 모두에게 주어지는 그리
스도의 살"일(『부활에 관하여』 26, 10~11) 뿐이다. 이사
야가 복원을 예언했던 예루살렘은 부름 받은 자들에
게 돌을 던지고 예언자들을 죽인 도시가 아니라는 것
이 테르툴리아누스의 생각이다. 유대교 비판의 차원
을 훌쩍 뛰어넘는 강경한 태도로 그는 이렇게 주장한
다. "어떤 땅도 구원의 약속이 되지 못한다. 왜냐하면
땅은 온 세상의 형상과 함께 멸망할 수밖에 없기 때
문이다."(같은 책, 26, 13)

지상왕국을 부정하는 입장은 또다시 낙원의 복
구를 무시하는 입장과 일치한다.

그럼에도 불구하고 누군가는 어김없이, 성지가 오히

려 낙원에 가까우며 이를 선조들의, 즉 아담과 이브의 낙원이라 부를 수 있다고 감히 주장할 것이다. 그러니까 이는 육체가 낙원의—원래 낙원의 보존과 경작의 임무를 맡았었던 만큼—복원을 약속받았기 때문이고, 그 이유도 인간이 쫓겨났던 당시의 상태로 다시 되돌아갈 수 있게 하기 위해서라고 주장할 것이다.(같은 책, 26, 14)

6.5. 『신국론』에서 아우구스티누스는 의인들의 **왕국**이 묘사된 「요한계시록」 20장 7~9절의 해석을 어떤 유형의 천년왕국설에도 적용될 수 없는 형태로 제시한다. 한때는 천년왕국을 믿었다고 고백하면서도 아우구스티누스는 이제 "6천 년간의 시련 끝에 맞이하는 신성한 휴가"[97](『신국론』 20, 7, 1) 이야기를 일종의 "우스꽝스러운 우화"로 간주하며 조금도 주저하지 않고 배제한다. 그는 이와 관련된 교부들의 이름조차 언급하지 않고 경멸조로 이렇게 말한다. "이는 오로지 육신을 따르는 인간들만 믿을 수 있는 이야기다. 정신을 따르는 이들은 이런 생각의 추종자들을 그리스어로 chiliastai, 다시 말해 천년설주의자라고 부른다."(같은 곳) 아우구스티누스에 따르면, 요한

이 말하는 '천년'은 세계사의 6천년 뒤에 오는 마지막 시기로 이해할 것이 아니라 오히려—억측에 가까운 숫자놀이의 결과에 따라—"시간의 완성 그 자체로ipsa temporis plenitudo" 이해해야 한다.

요한이 사용한 '천년'이라는 표현이 세상의 시간을 채우는 해들 전부를 가리킨다는 것은 분명하다. 어떤 완벽한 숫자가 시간의 완성 그 자체를 표상하도록 하는 것이 그의 의도였기 때문이다. 실제로 1000은 10을 세제곱한 것과 같다. 10에 10을 곱해 얻은 100은 표면적, 따라서 평면을 가리키지만, 이를 높이 올려 입체를 만들려면 100에 다시 10을 곱해 1000을 만들어야 한다... 그만큼 '천'은 전부를 상징한다. 왜냐하면 십진법 평면 자체의 입체화를 의미하기 때문이다.(같은 책, 20, 7, 2)

하지만 아우구스티누스의 이러한 생각은, 요한이 분명하게 "그리스도와 함께 의인들이 천년 동안 다스리게 될 것이니"라고 기록한 내용의 무효화로 귀결된다. 후세에 교회와 그리스도교의 오랜 전통으로 남게 될 입장을 취하면서 아우구스티누스는 **왕국**

을 아무렇지도 않게 '교회의 시대', 하지만 실제로는 의인들과 악인들이—최후의 심판 날에 분리되기 전까지는—공존해야 하는 시대와 동일한 것으로 간주한다. 이런 식으로는 **왕국**이라는 용어의 고유한 의미가 사라진다는 점을 분명하게 인지하면서도, 아우구스티누스는 **왕국**을 다름 아닌 세상이 끝난 뒤에 오게 될 **왕국**과 "전혀 다르고 대등하지도 않은alio aliquo modo, longe quidem impari" 의미로 이해해야 한다고 말한다. 바로 이러한 부차적인 의미에서—아우구스티누스의 의견대로라면—"지금 이미 성인들이 이 세상을 다스리고 있고, '내가 세상이 끝날 때까지 너희와 함께 할 것이다'라는 주님의 말씀도 바로 이 성인들에 관한 이야기다. 그렇지 않다면 교회는 지금처럼 그의 **왕국**이자 천상의 **왕국**이란 이름으로 불리지 않았을 것이다." 물론 이 왕국에는 곡식뿐만 아니라 가라지도, 계율을 지키는 자들뿐만 아니라 위반하는 자들도 함께 공존하지만, 그럼에도 교회는 신의 지상왕국이며 신의 지상왕국으로 존재해야만 한다는 것이 아우구스티누스의 생각이다.

교회는 지금 이미 그리스도의 왕국이자 천상의 **왕국**

이다. 지금 그와 함께 다스리는 자는 그의 성인들이다. 단지 그 통치 방식이 마지막에 취할 방식과 다를 뿐이다. 그리스도와 함께 다스리는 자는 가라지가 아니다. 단지 교회 안에서도 가라지가 곡식과 함께 자랄 뿐.(같은 책, 20, 9, 1)

학자들이 정확하게 지적했던 대로, 아우구스티누스는 역사 후에 도래해야 할 종말론적 사건을 역사적 시대로 대치하며 **왕국**에 대한 기대 자체를 말살하고 말았다.(Walter Nigg, p.144) **왕국**이 교회의 역사적 존재에 상응한다고 보기 때문에, 아우구스티누스의 **왕국**은 모든 정치적 의미를 잃고 신의 나라, 즉 역사가 막을 내릴 때까지 지상의 나라와 가까운 곳에서 공존하는 '천국'의 단순한 지상 경로로 변한다.

✗ 아우구스티누스는 이런 식으로 **왕국**의 의미를 무효화하며—어떻게든 의식적으로—일종의 균일한 역사적 시간 개념을 창출했고, 이를 토대로 그리스도교적 역사관을 탄생시켰다. 이 역사관은 예를 들어 아우구스티누스에게 영감을 얻은 오로시우스*의 『세속에 맞선 역사Historiae adversus paganos』에서 오

토 폰 프라이징**의 『두 나라의 역사Historia de duabus civitatibus』에 이르는 일련의 저서에서 구체적으로 드러난다. 아우구스티누스의 충실한 신봉자임을 자부하던 오토가 자신의 저서 제 5장 서문에서 "내가 교회라고 부르는 거의 유일한 나라의 역사를 구축했다고" 주장할 수 있었던 것도 바로 이러한 맥락에서였다. 아우구스티누스가 천년 왕국을 무효화한 덕분에, 역사가들은 연대기에 불가항력적인 단절을 가져올 수밖에 없는 강렬하게 이질적인 요소를 스스로 제거할 수 있었다. 여기서는 다루기 어려운 문제지만, 근대의 역사가들이 과연 어떤 차원에서 중세의 연대기 서술방식으로부터 이 균등한 역사적 공간을 유산으로 물려받았는지 추적해볼 필요가 있다.

*

오로시우스Paulus Orosius(380~420). 로마의 성직자, 역사가, 아우구스티누스의 제자이자 조력자였고 스승의 조언에 따라 『신국론』의 역사학적 해설서로 『세속에 맞선 역사Historiae adversus paganos』 7권을 집필했다.

**

오토 폰 프라이징Otto von Freising (1112~1158). 독일의 가톨릭 주교이자 역사학자. 『두 나라의 역사』에서 '두 나라'는 예루살렘과 바빌론을 가리키며 전자는 천상의 왕국을, 후자는 지상의 왕국을 상징한다.

6.6. 복음서에서 **왕국**이 일종의 구체적인 현실로 간주될 뿐 아니라 이 현실이 곧 예수의 존재, 말, 행동과 일치한다는 점은 어떤 신학자도 부인하기 어려울 것이다. **왕국**이 언제 임하는지 묻는 사람들의 질문에 예수는 아주 명확하게 **왕국**이 이미 도달했다고—"신의 왕국이[하느님/하나님의 나라가] 이미 임했노라ara ephthasen eph' hymas he basileia tou theou."(「누가」 11, 20)—답변한다. 한편으로는 **왕국**의 실재를 표현하는 동사들도 매번 완료형으로 쓰이며, 그리스어에서 '완료형'은 예외 없이 이미 일어난 사건을 가리킨다.(「마가」 1, 15 "때가 무르익었고 신의 **왕국**이 가까워 졌으니peplerotai ho kairos kai eggiken he basileia tou theou"에서, 동사 eggizo[가까워지다]의 어원인 부사 eggys의 원래 의미는 '손이 닿는 곳에'다.) 이제는 대다수의 학자들이 동의하는 바와 같이, **왕국**이 언제 올 것인지 묻는 바리새인들의 질문에 예수가 제시하는 답변 'entos hymon estin'은 왕국이 "너희 안에 있다"는 뜻이 아니라 "너희들 사이에 있다"는 뜻이다. 좀 더 정확히 말하자면 왕국은 "가능한 행동의 범위 안에, 손이 닿는 곳에" 있다.

하지만 또 다른 구절들, 예를 들어 「마태」 25장

31~34절에서 **왕국**은 어떤 미래의 사건으로, 즉 인자가 와서 영광의 보좌에 앉을 때 일어나게 될 사건으로 간주된다. 그래서 때가 되면 "왕이 그의 오른편에 있는 이들에게 말하기를 '내 아버지에게 축복받은 자들아, 와서 세상이 창건되었을 때부터 너희를 위해 준비된 **왕국**을 유산으로 받으라고' 할 것이다." 여기서 **왕국**은 미래에 일어나게 될 사건인 동시에 태초부터 존재해온 무언가를 가리킨다. 복음서의 저자는 **왕국**의 즉각적인 실재를 선포하면서도 왕국을 현재와는 거리가 먼 미래에 위치시킨다. 예를 들어 이런 구절을 읽을 수 있다. "언젠가는 동서남북에서 모여든 사람들이 신의 **왕국**에서 열릴 잔치 자리에 앉게 될 것이다."(「누가」 13장 29절) 신학자들이 당혹스러워하는 것은 이처럼 에스카톤eschaton, 즉 시간의 종결 시점을 상징하는 왕국이 미래를 향한 과정으로 간주되어 시간에 오히려 종속된다는 점이다. 종말-현실론의 지지자들은 가까운 미래를 암시하는 듯 보이는 구절들이 현재 시간의 완성을 가리킨다고 해석하는 반면, 이보다 우세한 변증법적 혹은 발전론적 해석에 따르면 **왕국**의 실재는 '이미 있는' 형태와 '아직은 없는' 형태로 구분해야 하며 이 두 단계 사이의 중간 시기를

바로 구원의 시대, 즉 구원은 이미 시작되었지만 여전히 구원의 최종적 실현을 기다리는 시대로 이해해야 한다. 하지만 이런 식으로 **왕국**은 고유의 현실성을 상실하고, 완성을 끝없이 뒤로 연기하는 전환 과정의 한 단계로 변신한다.

✗ 발터 벤야민의 의견대로, 마르크스가 계급 없는 사회의 개념을 도입함으로써 메시아적 왕국의 개념을 세속화한 것이 사실이라면, 종말론적 시간을 어떻게 사유해야 하는지에 대한 신학자들의 의견을 분분하게 만들던 것과 동일한 모순 및 독설이 여기서 [사회체제 논쟁에서] 그대로 재생된다는 점은 그리 놀라운 일이 못 된다. 선사시대와 역사시대 간의 인계 과정, 계급 사회와, 소비에트 혁명의 실패 원인이었던 계급 없는 사회 간의 인계 과정이 무한히 지속되는 문제에는 정확하게 **왕국**의 도래시기에 대한 전적으로 신학적인 문제가 상응한다. 교회와 **왕국**의 양립가능성이라는 문제에도 정당과 계급 없는 사회 간의 똑같이 모순적이고 문제적인 양립가능성이 상응한다.

6.7. '파루시아parousia'라는 용어는 기본적으로 세상이 끝날 무렵 구체화될 그리스도의 온전한 '실재'를 가리키기 위해 바울이 사용하는 표현이다. 공관복음에서 이 용어는 「마태」 24장에만 등장한다. 제자들이 '파루시아'와—불가타 성서의 라틴어 번역으로는 '도래'를 뜻하는 adventus와—함께 세상이 끝날 무렵 무슨 징조가 나타날 것인지 묻자 그리스도는 인자의 파루시아가 "동쪽에서 일어나 서쪽에서 번쩍이는" 번개와도 같고 "모든 것을 앗아가는" 대홍수와도 같다고 대답한다. 바울은 "주님 예수 그리스도의 파루시아에서"라는 문구를 최소한 6번에 걸쳐 활용하며 메시아적 사건을 두 순간으로, 즉 부활의 순간과 세상이 끝날 때 그리스도가 재림할 순간으로 분할해서 이해하는 듯이 보인다. 하지만 '파루시아'를 '도래(adventus)'로 [따라서 '재림'을 의미하도록] 옮긴 것은 정확한 번역이 아니다. 이 용어는 그리스어로 그저 '실재'를 의미할 뿐이며 문자 그대로 para-ousia, 즉 '곁에 있다'는 뜻이다. 마치 현시점에서 존재의 위치는 스스로의 곁이라는 듯이. 이 용어는 어떤 반복될 사건, 다시 말해 첫 번째 사건을 완성하기 위해 일어나야 할 두 번째 사건을 가리키지 않는다. 바울은

'파루시아'라는 용어를 메시아적 사건의 독특한 구도를 사유하기 위해 사용한다. 바울의 관점에서 본 메시아적 사건은 서로 이질적인 두 종류의 시간 개념으로 구성된다. 하나는 "때가 축약되었으니ho kairos synestalmenos estin"(「고린도전서」 7, 29)라는 표현에서처럼 모든 시간이 한순간으로 집약되는 카이로스kairos이고 다른 하나는 시간이 마치 시간 곁에서 펼쳐지듯 지속되는 크로노스chronos다. 다시 말해 관건은 한 연대기 속의 두 순간이 아니라 시간 개념의 메시아적 변화다. 문제의 핵심은 어떤 실재를 파악하는 데 있지만 이 실재가 시간의 경험에 근본적인 변화를 일으키는 만큼 이를 연대기의 특정 시점에 위치시키는 것은 불가능해진다. 이와 동일한 논리를 **왕국**에도 적용할 수 있다. 왕국은 '지금 이곳'에 실재할 뿐 아니라 동시에, 언제나 다가오고 있는 중이며 언제나 도래(ad-veniente)하지만 그렇다고 해서 이러한 특징이 어떤 '보류'로 이어지는 것은 아니다. 오늘날의 신학자들이 부주의하게 언급하는 이른바 '파루시아의 보류'란 사실 바울의 입장에서는 생각조차 할 수 없는 것이었다. **왕국**은 바울에게 두 사건―부활과 파루시아―사이를 가로지르는 특정 시기가 아니라, 완성

되어 있음에도('신이 우리를 암흑의 지배에서 건져
내, 아들의 사랑의 **왕국**으로 이끌었으니'「골로새서」
1, 13) 불구하고 연대기적 시간 안에는 기재될 수 없
는('너희가 그리스도와 함께 죽었다면, 어찌하여 마
치 세상에 사는 사람처럼 생각하느냐?'「골로새서」2,
20) 사건이다.

6.8. 바울이 해결하기 위해 고민하는 문제는 어
떤 현실을—**왕국**이라는 메시아적 사건을—그것의 태
생 단계에서, 그러니까 역사가들처럼 사전에 구축되
어 있는 연대기나 설명의 구도 속에 끼워넣지 않고
사유하기 위해 고민하는 자가 매번 부딪힐 수밖에 없
는 문제다. 벤야민이 주목했던 대로, 어떤 현상을 직
선적 역사관의 지속성 바깥에서 변증적이거나 개별
적인 방식으로 포착하고자 할 때, 이 현상은 극단적
으로 양분되어 고유의 역사-이전 시대와 역사-이후
시대로 분리되는 양상을 보인다. 이런 식으로 양극
화된 두 시대는 단순히 과거와 현재를 가리키는 것
이 아니라 이 현상을 변형시킨 긴장 속에 내재하는
두 형태의 힘을 가리킬 뿐이다.(Benjamin, p.587~588,
p.594) 따라서 문제의 현상은 오로지 이 양극화된 구

도 속에서만 통일된 형태로 포착될 수 있다.

　그렇다면 **지상낙원**과 **왕국**은 인간의 본성과 인간에게 가능한 지복이 무엇인지 사유하려는 신학자들의 시도에서 파생된 두 종류의 분할된 세계에 가깝다. 인간의 본성과 그의 지복은 역사-이전의 요소인 에덴의 **정원**과 역사-이후의 요소인 **왕국**으로 분할된다. 더 나아가 이 요소들은 분리된 채 소통이나 상호 접근이 불가능한 상태로 남는다. 지상왕국을 태초의 낙원과 동일한 것으로 보는 천년왕국설을 끊임없이 비판하려는 성향이 바로 이러한 소통과 접근을 불가능하게 만든다. 결과적으로 **정원**은 머나먼 과거로 밀려나 어떤 식으로든 더 이상은 포착될 수 없는 무언가로 변하고 **왕국**도 일방적으로 교회와 밀착되어 중화되거나, 아니면 머나먼 미래로 투영되어 천상의 공간으로 변한다. 이 양극의 강요된 분리 현상에 맞서, 우리는 지상왕국의 지지자들과 단테의 의견대로, **왕국**과 **정원**이 '현재'에 대한 어떤 단일한 경험의 균열 현상에서 비롯되었을 뿐이며, '현재' 안에서 얼마든지 다시 통합될 수 있다는 점을 기억해야 한다. 지상에서 살아가는 인간의 행복은 이 양극 사이에 가로놓여 있다. 인간의 본성은 예정된 형태로 존재하는 불완전한 실체도, 그래서 축복을 통해 어떤 구원의 경제적 논리에 기재되어야만 하는 존재도 아니다. 인간의 본성은 반대로 낙원과 왕국이 일치하는—다시 말해 같이 주어지는—'지금 이곳'에서 매번 본연의 모습을 드러낸다. 인간은 오로지 **왕국**을 통해서만 **정원**에 들어갈 수 있는 반면 오로지 **정원**을 통해서만 **왕국**을 이해할 수 있다. 달리 말하자면 우리는 오로지 역사적인 차원에서 정치를 통해 인간의 본성에 접근할 수 있지만, 정치 역시 낙원 외에는—단테의 말을 빌리자면 '삶의 지복' 외에는—또 다른 내용을 지니지 않는다.

1 "Eden deliciae interpretatur, pro quo Symmacus transtulit paradisum florentem."

2 "Et plantavit Deus paradisum in Eden ad orientem."

3 "prius quam coelum et terram Deus faceret, paradisum ante condiderat."

4 *De vulgari eloquentia*, I, vii, 2.

5 "quidam sit paradisus, et ubi qualisve sit."

6 "Est ergo paradisus terra quaedam fertile, hoc est anima foecunda, in Eden plantata, hoc est in voluptate."

7 "hominum genus nullo magis quam iustitia et aequitate laetetur."

8 "이제 지상에서 살아가는 우리의 삶이 곧 그림자이기... umbra est haec quae nunc nostra est vita in terra", "삶의 어떤 담보 안에 in quodam pignore vitae."

9 "ab initio conversionis meae sic tenui semper et teneo."

10 "Per unum hominem peccatum intravit in mundum et per peccatum mors et ita in omnes homines pertransiit, in quo omnes peccaverunt."

11 "per Adam mortem ad nos transisse, non crimina."

12 "similitudinem praevaricationis Adae in unoquoque."

13 "ipsum peccatum nec subsistit, quippe cum nec substantia sit eius usquam sit nisi in opere et gestis."

14 "quolibet inenarrabili modo et soli Deo cognito unusquisque de paradiso trusus videtur et exceptione condemnatur."

15 "Usque ad legem enim peccatum erat in hoc mundo. Peccatum autem non imputatur, cum lex non est. Sed regnavit mors ab Adam usque ad Moysen in eos qui peccaverunt in

similitudinem praevaricationis Adae, qui est forma futuri.”

16 “Nam sic et sanctus Hilarius intellexit quod scriptum est «In quo omnes peccaverunt»; ait enim: «In quo, id est Adam, omnes peccaverunt». Deinde addidit: «Manifestum in Adam omnes peccasse quasi in massa; ipse enim per peccatum corruptus, omnes quos genuit nati sunt sub peccato». Haec scribens Hilarius sine ambiguitate commonuit, quomodo intellegendum esset: «In quo omnes peccaverunt.»”

17 “ideo dixit «in quo», cum de muliere loquatur, quia non ad speciem retulit sed ad genus.”

18 “omnino ex homine uno diffunderetur genus humanum.”

19 “quam non peccato Adae patimur, sed eius occasione propriis peccatis adquiritur.”

20 “Si per naturam iustitia, ergo Christus gratis mortuus est.”

21 “natura ibi nostra in deterius commutata, non solum est facta peccatrix, verum etiam genuit peccatores.”

22 “Nam cum est adhuc aliquid carnalis concupiscentiae⋯ non omni modo ex tota anima diligitur Deus.”

23 “Ecce et baptizatis caro invenitur esse contraria et non adesse possibilitas illa, quam inseparabiliter insitam dicit esse naturae.”

24 “quomodo potuit humanam debilitare vel mutare naturam, quod substantia caret?”

25 “si quod vitari potest, potest homo sine peccato esse.”

26 “hominem assumpsit de generis humani massa peccatrice sine peccato.”

27 “ab ipsa humanae naturae origine trahatur.”

28 “originale peccatum cum ipsa uniuscuiusque personae origine trahi.”

29 “non quod sit ex essentia naturae, sed quoniam propter eius corruptionem cum illa assumitur.”

30 “postquam persona est.”

31 "simul sine intervallo iusti fuerunt."

32 "Et sicut personale transit ad naturam, ita naturale ad personam."

33 "Quod Adam comedebat, hoc natura exigebat, quia ita ut hoc exigeret creata erat. Quod vero de ligno vetito comedit, non hoc voluntas naturalis, sed personalis, id est propria, fecit. Quod tamen fecit persona, non fecit sine natura. Persona enim erat quod dicebatur Adam; natura, quod homo. Fecit igitur persona peccatricem naturam, quia cum Adam peccavit, homo peccavit."

34 "Hoc modo transit peccatum Adae personale in omnes qui de illo naturaliter propagantur et est in illis originale sive naturale."

35 "Sicut itaque si non peccasset, qualis facta est a deo talis propagaretur, ita post peccatum qualem se peccando facit talis propagatur."

36 "ab illa perditionis massa, quae facta est per hominem primum."

37 "universa massa perditionis facta est possessio perditoris."

38 "tunc facta est una massa omnium, veniens de traduce peccati et de poena mortalitatis."

39 "ubi nisi in massa perditionis iusto divino iudicio relinquuntur, ubi Tyrii relicti sunt et Sidonii··· In eadem perditionis massa relicti sunt etiam Iudaei, qui non potuerunt credere."

40 "his verbis etiam spiritales deliciae, quas habet beata vita, figurate explicantur."

41 "Bene dictum est «dimisit», non, exclusit··· Potest ergo videri propterea homo in labores huius vitae esse dimissus, ut aliquando manum porrigat ad arborem vitae, ut vivat in aeternum."

42 "nihil aliud quam locus quidam intellegatur terrae scilicet ubi habitaret homo terrenus."

43 "nisi quia significat aliquid etiam de paradiso spiritali."

44 "aut per se ipsam vita sit, aut vitae particeps et quodam modo vivens."

45 "homo non desinit esse homo."

46 "Corpus humanum, sive vivum, sive mortuum, corpus hominis est."

47 "in universali animalium genere homo conditus est."

48 "tota siquidem vita est, tota intellectus, tota ratio, tota sensus, tota memoria, tota corpus vivificat, nutrit, continet, auget."

49 "Tota igitur et in genere animalium de terra producta est et tota ad imaginem Dei facta."

50 "imaginem in animali tota et animal in imagine totum."

51 "mox de via veritatis deviasse."

52 "extra paradisum et post peccatum fuisse intelligenda."

53 "Una donna soletta che si gia / cantando e scegliendo fior da fiore / ond'era pinta tutta la sua via."

54 "cantando come donna innamorata."

55 "che sola sola per lo bosco gia", "cantava come fosse'nnamorata."

56 "Duos igitur fines Providentia illa inenarrabilis homini proposuit intendendos: beatitudinem scilicet huius vite, que in operatione proprie virtutis consistit et per terrestrem paradisum figuratur; et beatitudinem vite eterne, que consistit in fruitione divini aspectus ad quam propria virtus ascendere non potest, nisi lumine divino adiuta, que per paradisum celeste intelligi datur."

57 "sotto l'ombra perpetua, che mai / raggiar non lascia sole ivi né luna."

58 "mi prese il sonno; il sonno che sovente, anzi che 'l fatto sia, sa le novelle."

59 "lo tuo piacere omai prendi per duce."

60 "libero, dritto e sano è tuo arbitrio."

61 "quelli ch'anticamente poetaro / l'età de l'oro e suo stato felice,

/ forse in Parnaso esto loco sognaro."

62 "quando dicesti: 'Secol si rinova; / torna giustizia e primo tempo umano / e progenie scende da ciel nova.'"

63 "optima tempora, quae etiam aurea nuncupabant."

64 "aliqua propria operatio humane universitatis."

65 "esse apprehensivum per intellectum possibilem."

66 "proprium opus humani generis totaliter accepti est actuare semper totam potentiam intellectus possibilis."

67 "necesse est multitudinem esse in humano genere, per quam quidem tota potentia hec actuetur."

68 "ven da veduta forma che s'intende/ che prende nel possibile intelletto / come in subietto, loco e dimoranza."

69 "Ben puoi veder che la mala condotta / è la cagion che 'l mondo ha fatto reo / e non natura che 'n voi sia corrotta."

70 "Vostra natura, quando peccò tota / nel seme suo, da queste dignitadi, / come di paradiso, fu remota."

71 "o che Dio solo per sua cortesia / dimesso avesse, o che l'om per se isso / avesse soddisfatto a sua follia."

72 "ché più largo fu Dio a dar se stesso / per far l'uom sufficiente a rilevarsi, / che s'elli avesse sol da sé dimesso."

73 "adhuc essemus filii ire natura, natura scilicet depravata."

74 "riparar l'omo a sua intera vita."

75 "libero, dritto e sano è tuo arbitrio."

76 "ma leggi Ezechiel, che li dipigne / come li vide da la fredda parte / venir con vento e con nube e con igne / e quali i troverai nelle sue carte / tali eran quivi, salvo ch'a le penne / Giovanni è meco e da lui si diparte."

77 "Et in Ezechiele scribitur: «Vidi et cecidi in faciem meam»."

78 "Lo spazio dentro a lor quattro contenne / un carro, in su due ruote, triunfale, / ch'al collo di un grifon tirato venne."

79 "Statim fui in spiritu et ecce sedis posita erat in caelo et supra sedem sedens et qui sedebat similis erat aspectui lapidis iaspidis et sardini et iris erat in circuitu sedis similis visioni zmaragdinae."

80 "Et super firmamentum quod erat inminens capiti eorum quasi aspectus lapidis sapphyri similitudo throni et super similitudinem throni similitudo quasi aspectus hominis desuper."

81 "d'antico amor sentì la gran potenza. / Tosto che ne la vista mi percosse / l'alta virtù, che già m'avea trafitto."

82 "conosco i segni de l'antica fiamma."

83 "questi fu tal ne la sua vita nova / virtualmente, ch'ogni abito destro / fatto averebbe in lui mirabil prova."

84 "Cum omnis natura ad ultimum quendam finem ordinetur, consequitur ut hominis duplex finis existat⋯ beatitudinem scilicet huius vite, que in operatione proprie virtutis consistit et per terrestrem paradisum figuratur; et beatitudinem vite eterne⋯ que per paradisum celestem intelligi datur."

85 "Impossibile est igitur in hac vita hominem totaliter esse felicem."

86 "non habet hoc ex naturalibus sed ex gratuitis."

87 "illa quae sunt naturalia, non sunt meritoria."

88 "sicut aedificare domos, plantare vineas et alia huiusmodi."

89 "fuisset divinitus provisum ut nulla ex hoc indecentia esset."

90 "libero, dritto e sano è tuo arbitrio / ⋯ / per ch'io te sovra te corono e mitrio."

91 "De statu quem habuissent in hoc mundo viatores, si primi parentes non peccarent."

92 "an essent in statu innocentiae propria communitas politica, sive pagi, sive civitates, sive regni."

93 "non ex culpa, sed ex ipsa rei natura sequitur."

94 "in omni statu naturae humanae, sive purae, sive integrae, sive lapsae."

95 "et ipsam conditionem redintegratam ad pristinum sine

prohibitione."

96 "in qua conditione servitutem sustinuerunt, in ipsa regnare
eos."

97 "vacatione scilicet sancta post labores annorum sex milium."

　　암브로시우스, 아우구스티누스, 토마스 아퀴나스 등의 저서들은 모두 관례에 따라 권, 장, 문단 번호를 표시하며 인용했다. 암브로시우스의 『낙원에 관하여』는 이하의 판본을 사용했다. *Ambrosii Episcopi Mediolanensis Opera*, rec. Carolus Schenkl (*Tutte le opere di sant'Ambrogio*, vol. 2, 1, *Il paradiso terrestre. Caino e Abele. Noè*, a cura di Paolo Siniscalco, Roma, Città Nuova, 1984). 아우구스티누스가 펠라기우스를 논박하는 저서들의 내용은 CSEL(Corpus Scriptorum Ecclesiasticorum Latinorum, voll. 42, 44, 60.)에서 인용했다. 에리우게나의 『자연의 분류』를 인용할 때 사용한 판본은 *Della divisione della natura* (a cura di Nicola Gorlani, Milano, Bompiani, 2013)다. 이 책은 Édouard Jeauneau의 감수로 *Corpus Christianorum. Continuatio Mediaevalis*, voll. 161~165에 실린 비평연구 텍스트의 번역본이다.

Ambrosiaster: *Ambrosiastri qui dicitur Commentarius in Epistulas Paulinas*, vol. 1, *In Epistulam ad Romanos*, a cura di Heinrich Joseph Vogels, Vindobonae, Hoelder-Pichler-Tempsky, 1966 (CSEL, 81/1).

Anselmus: *De conceptu virginali et de originali peccato, in L'Œuvre de Anselme de Canterbury*, vol. 4, *La conception virginale et le péché originel. La procession du Saint Esprit. Lettres sur les sacrements de l'Église. Du pouvoir et de l'impuissance*, a cura di Michel Corbin, Paris, Cerf, 1990.

Benjamin: Walter Benjamin, *Das Passagen-Werk*, in Id., *Gesammelte*

Schriften, vol. V, 1, Frankfurt am Main, Suhrkamp, 1982.

Bremmer: Jan N. Bremmer, *Greek Religion and Culture. The Bible and the Ancient Near East*, Brill, Leiden-Boston, 2008.

Braga: Corin Braga, *Le paradis interdit au Moyen-Âge*, Paris, L'Harmattan, 2004.

Fitzmyer: Joseph A. Fitzmyer, «The Consecutive Meaning of ΕΦ' Ω in Romans 5.12», in *New Testament Studies*, 39, 1993, pp. 321~339.

Fraenger: Wilhelm Fraenger, *Hieronymus Bosch. Das tausendjährige Reich*, Coburg, Winckler, 1947 (trad. it. *Il regno millenario di Hieronymus Bosch*, Parma, Guanda, 1980).

Hieronymus: *Hebraicae quaestiones in libro Geneseos*, in *S. Hieronymi presbyteri Opera*, pt. 1, *Opera exegetica*, vol. 1, *Hebraicae quaestiones in libro Geneseos. Liber interpretationis Hebraicorum nominum. Commentarioli in Psalmos. Commentarius in Ecclesiasten*, a cura di Paul de Lagarde, Germain Morin, Marc Adriaen, Turnholti, Brepols, 1959 (*Corpus Christianorum. Series Latina*, 72).

Hammond Bammel: Caroline P. Hammond Bammel, *Der Römerbrieftext des Rufins und seine Origenes-Übersetzung*, Freiburg, Herder, 1985.

Ireneo: Irénée de Lyon, *Contre les hérésies*, vol. 5.2, Paris, Cerf, 1969 (*Sources chrétiennes*, 153).

Nigg: Walter Nigg, *Das ewige Reich. Geschichte einer Sehnsucht und einer Enttäuschung*, Zürich, Rentsch, 1944, (trad. it. *Il Regno eterno,*

Milano, Istituto Editoriale Italiano, 1947).

Odon de Tournai: Odo of Tournai, *On Original Sin; and, A Disputation with the Jew, Leo, Concerning the Advent of Christ, the Son of God. Two Theological Treatises*, a cura di Irven M. Resnick, Philadelphia, University of Pennsylvania Press, 1984.

Origenes: Origenes *Commentarii in Epistulam ad Romanos. Romerbrief-Kommentar*, a cura di Theresia Heither, vol. 2, *Liber tertius. Liber quartus*; vol. 3, *Liber quintus. Liber sextus*, Freiburg, Herder, 1992-1993.

Pascoli: Giovanni Pascoli, *Poesie e prose scelte*, a cura di Cesare Garboli, Milano, A. Mondadori, 2002.

Schreiner: Thomas R. Schreiner, «Original Sin and Original Death», in Hans Madueme, Michael Reeves (a cura di), *Adam, the Fall and Original Sin. Theological, Biblical, and Scientific Perspectives*, Grand Rapids, Baker Academy, 2014.

Singleton: Charles S., *Journey to Beatrice*, Cambridge, Harvard University Press, 1958 (trad. it. *Viaggio a Beatrice*, Bologna, Il mulino, 1968).

Teodoretos: Teodoreto di Cirro, *Commentario alla Lettera ai Romani*, a cura di Francesca Cocchini e Lella Scarampi, Roma, Borla, 1998.

Torrell, Jean-Pierre, *Nouvelles recherches thomasiennes*, Paris, Vrin, 2008.

아감벤의 파리 노트르담 대성당 강연에 관하여

「교회와 왕국」은 저자가 2009년 3월 8일 파리의 노트르담 대성당에서, 상당수의 성직자들이 참여한 가운데 프랑스어로 발표한 신학적 성명서의 녹취록 전문을 옮긴 것이다. 이 글을 부록으로 싣자는 역자의 제안에 흔쾌히 동의해준 아감벤에게 감사드린다. 단 저자의 요청에 따라,「교회와 왕국」은 10년 뒤에 출간된『왕국과 정원』의 이탈리아어 원서에는 수록되어 있지 않으며 이 책과는 다른 정황과 맥락에서 쓰였음을 분명히 밝혀둔다.

아감벤의 모든 저서들이 신학과 밀접한 관계를 지닌 것은 사실이지만 그가 성서와 신학을 보다 직접적으로 다루기 시작한 것은—2000년에 출간된 로마서 강해『머무는 시간Il tempo che resta』과 몇몇 소논문을 제외하면—『호모 사케르 전집』을 완성한 2014년 이후부터다. 먼저『왕국과 정원』이 2019년에 출간되었고 뒤이어 그리스도교적 시간 개념과 역사관을 다룬『머무는 언어La lingua che resta』와 성서 해석학을 다룬『영과 글Lo Spirito e la Lettera』이 모두 2024년에 출간되었다.

물론 저자의 관심이 성서와 신학으로 집중되는 것을 일종의 방향전환으로도 볼 수 있고, 특히 「교회와 왕국」이 전통적인 교리의 본질적인 문제점들을 지적하며 교회와 그리스도교 종교 지도자들에게 변화를 촉구하는 글이었음에도 교회가 침묵으로 일관한 것에 대한 일종의 역반응으로도 볼 수 있겠지만, 저자는 자신의 해석을 권고하며 그 이유를 분명하게 밝히는 것으로 그칠 뿐 교회에 대해 단순히 비판적이지만은 않은 입장을 고수한다. 왜냐하면 교회가 변화의 주인공이어야 한다는 점을 분명하게 인식하고 있기 때문이다.

이 글의 내용은 대부분 저자가 『머무는 시간』에서 제시했던 논제들을 간략하게 요약한 것이지만 강연 대상이 그리스도교 신자들이었다는 점에서, 즉 저자가 교회에 요구하는 변화의 방향과 결이 무엇인지를 분명하게 확인할 수 있다는 점에서 특별한 의미를 지닌다. 이 글과 『머무는 시간』의 핵심은 메시아적 시간이 역사적 시간 안에서 어떤 갑작스런 중단의 형태로 주어지지 않고 메시아적 시간 안에 머무는 이들의 삶에 존재론적으로 각인된다는 점을 규명한다는 데 있다.

번역 과정에서 프랑스어 녹취록은 물론 다양한 형태로 소개된 이탈리아어 판본들을 참조했고 제목은 이탈리아에서 출간된 소책자의 제목 'La Chiesa e il Regno'를 그대로 옮겼다. 청중이 있는 강연이었지만 기본적으로는 준비된 텍스트를 낭독하는 형식으로 진행되었던 만큼, 구어체로 옮기는 대신, 글의 전체적인 어조를 감안해 문어체로 옮겼다. 저자의 육성 강연은 이하의 창을 통해 직접 들을 수 있다.

https://www.ktotv.com/video/00043663/jesus-messie-disrael

교회와 왕국: 파리 노트르담 대성당 강연

교회의 역사에서 아주 오래된 문헌들 가운데 하나인 「고린도 신도들에게 보내는 클레멘스의 편지」는 이런 인사말과 함께 시작된다. '로마에 머무는 신성한 교회가 고린도에 머무는 신성한 교회에게.' 여기서 '머무는'으로 옮긴 그리스어 paroikousa는 망명자나 식민지 거주자, 혹은 이방인의 일시적인 체류를 뜻하며, 또 다른 용어 katoikein이 가리키는 시민권 보유자의 상주와 상반되는 의미로 쓰인다. 나는 이 문구를 지금 여기서, 파리에 머무는 혹은 타향살이하는 신성한 교회를 위해 사용하고자 한다. 내가 이 문구를 고른 이유는 이 강연의 주제가 메시아이고, '이방인으로 머물기'를 뜻하는 paroikein이, 세상에 '머물면서' 사는 그리스도인의 삶과 그의 메시아적 시간 경험을 가리키는 말이기 때문이다. 이는 기술적인 용어에 가까운데, 왜냐하면 「베드로전서」 1장 17절에서 '교회의 시간'이 'ho chronos tes paroikias'로, 그러니까—여기서 paroikia가 '이방인의 체류'을 의미하는 만큼—'나그네로 사는 시간'으로 정의되고 있기 때문이다.

'머무르기séjour/soggiorno'라는 용어는 연대기적 시간의 지속적인 흐름과는 전적으로 무관하다. 교회가 지상에 머무는 시간은 수세기, 수 천 년에 걸쳐 지속될 수 있고 실제로 지속되었지만, 이로 인해 교회의 메시아적 시간 경험이라는 독특한 본질이 조금이라도 변질되는 것은 아니다. 이 점은 아무리 강조해도 지나치지 않다. 반대로 신학자들이 빈번히 내세우는 '재림의 지연' 같은 억측에 가까운 논리는 전적으로 거부할 필요가 있다. 이 논리를 내가 언제나 모욕적이라고 느낀 이유는, 초기 그리스도교 공동체가 임박한 것으로 이해하며 기다리던 메시아의 재림과 시간의 종말이 더 이상 끝을 헤아리기 어려운 형태로 지연된다는 사실을 깨닫고 입장을 바꿔, 오히려 오래 지속될 수 있는 안정적인 제도와 법체계를 구축하는 방향으로 나아갔다는 논리이기 때문이다. 그렇다면 이는 그리스도교 공동체가 세상의 시간 안에서 **이방인으로** 머물기를—paroikein이기를—포기하고, 여느 세속 기관과도 다를 바

없이 **시민으로**—katoikein으로—살아가기 시작했다는 것을 의미한다.

상황이 정말 그렇게 흘러갔다면, 교회는 교회 자체의 기반이자 실체인 메시아적 시간 경험을 상실한 셈이다. 실제로 메시아적 시간이 가리키는 것은 시간의 연대기적 흐름이 아니라, 살아온 시간의 질적 변화다. 이러한 유형의 시간 속에서는 기차 시간이 지연되는 경우에 비할 만한 연대기적 지연 같은 것은 아예 생각조차 하기 어렵다. 메시아적 시간 경험이 삶 자체가 시간의 고정적인 흐름 속에서는 불가능하다는 점을 수반하는 만큼, 그 안에서 지연 같은 것은 일어나지 않는다. 바로 이 점을 강조하기 위해 바울은 데살로니가의 신도들에게 보내는 편지에서 이렇게 말한다. "시간과 시기에 대해서는 내가 여러분께 쓸 것이 없습니다. 주의 날은 밤에 도둑처럼 옵니다."(「데살로니가전서」 5, 1~2) 여기서 "옵니다(erchetai)"가 현재형으로 쓰인 것도 사실은, 신약에서 메시아가 'ho erchomenos', 즉 "오는 자", 오기를 멈추지 않는 자로 정의되어 있기 때문이다. 바울의 가르침을 완벽하게 이해했던 발터 벤야민은 바울이 하는 말의 의미를 이런 식으로 해석했다. "매일, 매순간이 메시아가 들어오는 좁은 문이다."

내가 이야기하려는 것도 바로 사도 바울이 그의 서신에서 묘사하는 메시아적 시간의 구조다. 무엇보다 먼저 주의해야 점은 메시아적 시간과 종말론적 시간을 혼동할 때 발생하는 오해다. 종말론자의 자리는 최후의 날, 분노의 날이다. 그는 시간의 종말을 관찰하며 그가 보는 것을 기술한다. 하지만 바울이 경험하는 시간은 결코 종말의 시간이 아니다. 메시아적 시간과 종말론적 시간의 차이를 일종의 공식으로 요약할 수 있겠는데, 내가 확신하는 대로라면, 메시아적 시간은 시간의 종말이 아니라 종말의 시간이다. 시간의 종말은 메시아적이지 않으며, 오히려 매 순간, 모든 카이로스kairos*가 시간의 종말뿐만 아니라 영원성과 유지하는 관계가 메시아적이다. 바울에게 중요한 것은 마지막 날, 시간의 마지막 순간이 아니라, 시간이 집약되어 끝을 향해 출발하는 시간, 달리 말하자면, 시간과 시간의

---

*

카이로스kairos는 양적 차원의 시간 크로노스chronos와 대별되는 질적 차원의 시간이다. 크로노스가 연대기적이고 기록과 환산이 가능한 시간인 반면, 카이로스는 양적으로 환산될 수 없는, 무언가 중요한 일이나 과정이 전개되는 구체적인 '시기'나 '때' 혹은 '기회'를 가리킨다. 물론 '절호의 기회'라는 표현으로 축약될 수 있는 개념은 아니다. 궁극적으로는 인간의 행위와 일치하기 때문에 조절과 절제가 가능해지는 시간이며 '언제'가 아니라 '어떻게'가 관건인 시간이다.

끝 사이에 머무는 시간이다.

　유대인들은 전통적으로 '시간' 혹은 '세계'를 두 종류의 개념으로 구분지어 생각하는 사고방식을 지니고 있었다. 먼저 '올람 아제olam hazzeh'는 세상이 창조된 순간부터 세상이 끝나는 순간까지의 시간을 가리키는 반면 '올람 압바olam habba'는 세상의 종말 후에 시작되는 시간을 가리킨다. 이 두 용어 모두 그리스어로 번역되어 바울의 서간문에 등장한다. 하지만 메시아적 시간, 즉 바울이 직접 경험할 뿐 아니라 관심을 기울이는 유일한 시간은 '올람 아제'나 '올람 압바'가 아니라, 메시아적 사건에 의한 단절의 결과로 시간이 쪼개질 때, 이 두 시간 사이에 머무는 시간이다(물론 바울의 입장에서 이 메시아적 사건은 '부활'을 의미한다).

　그렇다면 이 메시아적 시간을 우리는 어떻게 이해해야 하나? 이를 얼핏 기하학적 차원의 직선에서 잘라낸 일종의 파편으로 이해하면, 방금 살펴본 대로 메시아적 시간이 부활 사건과 시간의 종말 사이에 '머무는' 시간이라는 설명에는 아무런 문제가 없어 보인다. 하지만 이에 뒤따르는 시간 경험을 고려하면 메시아적 시간은 전혀 다른 것이라는 점이 드러난다. 왜냐하면 '머무는 시간'을 살아가며 '종말의 시간'을 경험한다는 것 자체는 필연적으로 시간에 대한 일상적인 생각과 경험의 근본적인 변화를 의미하기 때문이다. 관건은 더 이상 연대기적 시간의 무한하고 획일적인—생각은 가능하지만 경험은 어떤 식으로든 불가능한—직선상의 경로도, 시간이 끝나는 정확한—생각조차 불가능한—순간도 아니다. 게다가 이를 부활 사건에서 시간의 종말에 이르는 연대기적 시간의 파편으로 간주하는 것도 실제로는 불가능하다. 관건은 오히려 연대기적 시간 내부에서 자라나 필요를 호소하며 연대기적 시간 자체를 내부에서부터 변화시키는 시간이다. 이는 한편으로는 시간 자체가 끝나기 위해 활용하는 시간이며, 다른 한편으로는 '여기에 머무는 시간', 즉 시간을 끝내기 위해, 시간에 대한 관습적인 사고의 틀을 파악하고 여기서 벗어나기 위해 필요한 시간이다. 이 관습적인 차원의 시간은 우리가 그 안에 있다고 착각하는 만큼 우리를 우리 본연의 모습에서 분리시켜 스스로에 대해 아무것도 할 수 없는 방관자로 변질시킨다. 반대로 메시아적 시간은 우리가 처음으로 시간[크로노스]을 붙들 수 있도록 도와주는 효율적 시간[카이로스]이며, 따라서 우리 자신과 '다를 바 없는' 시간이다. 이는 어떤 알다가도 모를 장소 혹은 미래에나 있을 법한 이상한 유형의 시간이 아니라 유일하게 사실적인 시간, 우리가 누릴 수 있는 유일한 시간이다. 이런 시간의 경

험에는 우리 자신과 우리가 살아가는 방식의 완전한 변화
가 뒤따른다.

이 모든 것은 바울이 메시아적 삶에 대한 그의 가장
멋진 설명이라고 봐도 무방할 한 비범한 문구(「고린도전서」
7, 29~31)에서 설파했던 내용이기도 하다. "형제 여러분, 이
제 시간이 단축되었습니다. 지금부터 아내가 있는 사람은
마치 없는(hos me) 사람처럼, 우는 사람은 울지 않는 사람
처럼, 기쁜 사람은 기쁘지 않은 사람처럼, 구매자는 아무
것도 소유하지 않은 사람처럼, 세상 물건을 쓰는 사람은
다 쓰지는 못하는 사람처럼 사십시오."(시간이 단축되었다
는 뜻의 그리스어 원문 'ho kairos synestalmenos esti'에서
동사 systellein은 배의 돛을 감아 내리는 행위뿐만 아니라
동물이 도약하기 전에 몸을 웅크리는 행위를 가리킨다.)

몇 구절 앞에서 바울은 메시아적 소명klesis에 대해 이
렇게 말한다. "각자는 부름 받았을 때의 부름 안에서 지내
십시오. 그대가 부름을 받았을 때 종이었다면 염려하지 마
십시오. 자유인이 될 수 있다 하더라도 지금의 조건을 오
히려 활용하십시오."(「고린도전서」 7, 20~21) '마치 아닌 듯'
을 뜻하는 'hos me'라는 표현은 메시아적 소명의 궁극적인
의미가 사실상 모든 소명의 철회에 있다는 것을 보여준다.
메시아적 시간이 연대기적 시간을 단순히 폐지하지 않고

내부에서부터 변화시키는 것처럼, 메시아적 소명도 '마치 아닌 듯'에 힘입어 모든 소명을 철회하며, 모든 경험과 모든 인위적 조건을 내부에서부터 비워내고 변화시켜 새로운 용도에 소용될 수 있도록 만든다.('오히려 활용하십시오.')

이 점이 중요한 이유는 최후 상황과 최후이전 상황의 관계를—이 관계가 메시아적 조건을 결정짓는 요소인 만큼—올바르게 조명할 수 있도록 해주기 때문이다. 그리스도인의 입장에서 오로지 최후의 현실만 바라보며 사는 것은 과연 가능한가? 본회퍼는 '급진주의'와 '타협주의' 간의 양자택일적 선택이 거짓이라는 점을 폭로한 바 있다. 이 선택의 핵심은 전자와 후자 모두 최후의 현실과 최후이전의 현실을—즉 우리의 인간적, 사회적 조건을 날마다 결정짓는 현실을—극단적으로 분리하는 데 있다. 메시아적 시간이 어떤 특이한 유형의 시간이라기보다는 연대기적 시간의 은밀한 변화를 의미하는 만큼, 최후의 현실을 산다는 것은 무엇보다도 최후이전의 현실을 새로운 방식으로 경험한다는 것을 의미한다. 그렇다면 종말론은 사실상 최후이전의 현실에 대한 경험의 어떤 변형에 불과하다. 아울러 최후의 현실이 무엇보다도 최후이전의 현실에서 주어지는 만큼, 최후이전의 현실을 아무런 이유 없이 부정하는 것은 불가능하다. 모든 급진주의를 거부해야 하는 이유도 여기에 있다. 하지만 이와 동일한 이유에서, 모든 타협주의 역시 거부하며 최후이전의 현실도 어떤 식으로든 최후의 현실을 부정하기 위해 사용하지 말아야 한다. 바로 그런 이유에서 바울은 최후의 일과 그렇지 않은 일 간의 메시아적 관계를 설명하기 위해 동사 katargein을 사용한다. 이 동사는 '파괴하다'가 아니라 '무위적으로 만들다'는 뜻을 지녔다. 최후의 현실은 최후이전의 현실을 비활성화하고 중단하며 변형시킨다. 그럼에도 불구하고 최후의 현실이 증언하며 스스로 시험대에 오르는 일은 바로 최후이전의 현실 속에서 일어난다.

이러한 관계는 바울이 생각하는 왕국의 상황을 파악할 수 있도록 도와준다. 종말론이 통상적으로 제시하는 진부한 설명을 거부하고, 우리는 바울의 입장에서 메시아의 시간이 미래의 시간일 수 없다는 점을 깨달아야 한다. 바울이 메시아적 시간을 가리킬 때 사용하는 표현은 언제나 'ho nyn kairos', 즉 '지금의 시간'이다. 바울은 이렇게 말한다. '여기에 지금(Idon nyn) 붙잡아야 하는 순간이 있습니다. 구원의 날이 바로 여기에 있습니다.'(「고린도후서」 6, 2) 이방인으로 머문다는 뜻의 paroikia와 메시아의 실재를 뜻하는 parousia는 모두 그리스어 전치사 para*로 시작된다는 점에서 동일한 구조를 지녔다. 이 어휘를 통해 표현되는 것은, 실재하지만 시간을 펼쳐버리고, 어떤 '이미'인 동시에 '아직 아닌'이기도 하고, 일종의 '유예'지만 단순한 시간적 지연이 아니라 현시점에 내재하는 여백이자 단절에 가까워서 우리가 시간을 포착하는 것이 가능해지는 정황이다. 이러한 유형의 시간 경험은 어떤 식으로든 교회의 입장에서 하거나 하지 않기로 선택할 수 있는 무언가가 아니다. 교회는 이러한 시간 안에서만, 이러한 시간을 계기로만 존재한다.

오늘날 교회에서 이러한 경험은 어떤 모습을 하고 있나? 내가 파리에 머무는 그리스도의 교회에 온 것도 바로 이 질문을 제기하기 위해서다. 최후의 현실에 대한 언급은 교회가 제시하는 담론 내부에서 완전히 사라진 듯 보인다. 누군가는 심지어 아이러니한 어조로 로마 교회가 종말론 창구를 아예 닫아버렸다고 주장하기까지 했다. 그리고 더

---

* Para는 크게 두 가지 유형의 상반되는 의미 영역에서 상당히 다양한 용도로 활용되는 접두사다. 때로는 '근접성', '유사성'을 표현하지만 때로는 '~을 뛰어넘어' 또는 '~에 반하여'라는 뜻으로도 쓰인다. 예를 들어 'paramedicina'는 의약과 유사하고 의약에 준한다는 의미에서 '의약대용품' 혹은 '대안의료'를 가리키며, 'paradosso'는 일반적인 견해doxa를 뛰어넘는다는 의미에서 '역설'을, 'paracaduta'는 추락caduta을 막는다는 의미에서 '낙하산'을 가리킨다.

욱더 씁쓸하고 아이러니한 어조로, 한 프랑스 신학자는 이런 말을 남겼다. "그리스도는 왕국의 도래를 선포했는데 정작 등장한 것은 교회다." 이 분명하면서도 안타까운 사실에 대해 우리는 진지하게 고찰해볼 필요가 있다.

메시아적 시간의 구조에 대해 지금까지 설명한 내용을 감안하면, 분명한 것은 여기서 관건이 교회가 세상과 타협한다는 점을 급진주의의 이름으로 비난하거나, 19세기의 가장 위대한 정교 신학자 도스토예프스키가 그랬던 것처럼, 로마 교회를 대심문관의 형상으로 채색하려는 시도가 아니라는 점이다. 관건은 오히려 마태가 'ta semeia ton kairon', 즉 '시대의 징표'라고 부른 것(16장 3절)을 읽는 교회의 해석적 기량이다. 마태의 입장에서 이 '징표'가 하늘의 모습을 파악하려는 헛된 욕망과 전혀 다른 것이라면, 이 '징표'는 과연 무엇인가? 역사는 [최후의] 왕국에 비해 최후이전의 범주에 속하지만 [최후의] 왕국은—앞서 살펴보았듯이—무엇보다도 역사 안에 머문다. 그렇다면 메시아의 시간을 경험하며 살려고 할 때 요구되는 것은 메시아가 역사 안에 실재하는 정황의 징표를 읽고 역사의 흐름 안에서 구원경제의 표식을 읽어내는 능력이다. 그리스도교 교부들의 관점에서, 아울러 본질적으로는—마르크스의 철학에서조차—그리스도교 학문이며 영원히 그럴 수밖에 없을 역사철학에 천착했던 철학자들의 입장에서도, 역사는 두 종류의 상반되는 힘이 일으키는 긴장의 지대다. 첫 번째 힘은 바울이 「데살로니가후서」 2장 6~7절의 유명한 만큼 수수께끼 같은 한 문장에서 '카테콘(catechon)'이라고 부른 힘, 즉 연대기적 시간의 획일적이고 직선적인 경로에서 실현될 종말을 억제하며 끊임없이 '저지하는' 힘이고, 두 번째 힘은 시원과 종말 간의 긴장을 유발하면서 시간을 지속적으로 중단하며 완성하는 힘이다. 우리가 **법** 혹은 **국가**라고 부르는 첫 번째 힘은 경제에, 달리 말하자면 세계의 '무한한' 통치에 집중되는 반면, **메시아** 혹은 **교회**라고 부르는 두 번째 힘의 경제는 일종의 구원경제이며 그만큼 구축적인 차원에서 '유한'하다. 인간 공동체의 구축과 생존은 이 두 종류의 상극적인 힘이 공존할 때에만, 그리고 이들 간의 긴장과 변증관계가 지속될 때에만 가능하다.

하지만 정확하게 이러한 유형의 긴장이 오늘날에는 소진된 듯 보인다. 역사적 시간 안에서 구원경제를 감지하는 성향이 점점 더 미약해지고 서서히 자취를 감추자, 이제는 경제 자체의 지배력이 맹목적이고 냉소적인 방식으로 삶과 사회의 모든 영역에 침투하고 있다. 교회가 포기한 종말론도 세속화된 지식과 패러디의 형태로 되살아나

옛 예언자들의 진부한 양식을 답습하며 모든 영역에서 돌이킬 수 없는 재난을 예고한다. 세상의 정부들이 도처에서 선언하는 지속적인 위기상황과 예외상태는, 교회의 역사에서 **최후의 심판**이 끝없이 개정되는 현상의 세속화된 패러디에 불과하다. 율법과 시간의 완성에 대한 메시아적 경험이 소진되는 곳에서 다름 아닌 법적 권리의 전례 없는 비대 현상이 발생했다. 하지만 모든 것을 법으로 다스리겠다는 전략의 문제는 다름 아닌 법리의 과잉으로 인해 사실상 모든 정당성을 상실한다는 데 있다. 지금 이 자리에서 내가 단어의 선택에 신중을 기해 말하려는 것은, 오늘날 지상에는 어떤 정당한 권력체계도 존재하지 않으며 이 세상의 권력자들도 자신들의 부당성을 기꺼이 인정한다는 점이다. 인간관계 자체를 전면적으로 법률화하고 경제화하려는 전략은 물론, 우리가 신뢰하거나 기대하거나 아낄 수 있는 것과, 우리가 해야 하거나 하면 안 되는―혹은 말해야 하거나 하지 말아야 할―것들을 혼동하는 현상 역시 단순히 법적권리나 국가체제의 위기뿐만 아니라 무엇보다도 교회가 겪고 있는 위기의 징후에 가깝다. 이는 교회야말로 스스로의 종말과 실질적인 관계를 유지할 때에만 제도로서 존속할 수 있기 때문이다. 잊지 말아야 할 것은, 다름 아닌 신학적인 관점에서, 중단도 모르고 종말도 모르는 유일한 합법적 제도가 바로 지옥이라는 점이다. 그렇다면 여기서 세상의 무한한 경제화를 추진하는 현대 정치의 모델도 바로 지옥이라는 점을 분명하게 확인할 수 있다. 교회는 paroikia와의 근원적인 관계를 끊는 순간 시간 속에서 길을 잃는다.

바로 그런 이유에서, 그리고 시대의 징표들을 읽으려는 나의 집요한 노력 외에 다른 어떤 권위도 내세우고 싶지 않다는 점을 밝히면서, 내가 제기하고자 하는 질문은 이것이다. 교회는 스스로의 역사적 기회를 드디어 발견하고 메시아적 소명을 재발견할 자세가 되어 있나? 그렇지 않다면 교회도 지상의 모든 제도와 정부를 위협하는 파멸 속으로 휩쓸려 들어갈지 모른다.

역자 해제: 왕국의 말

인간이 낙원에서 쫓겨나는 사건은 본질적으로 시간 밖에서 일어나는 일종의 영속적인 과정이다. 물론 추방이 결정적이었던 만큼 인간은 세상에서 살아가야 하는 처지에 놓였지만, 이 과정의 영원성 덕분에, 달리 말하자면 시간적인 관점에서는 이 과정이 영원히 반복되기 때문에 우리가 낙원에 영원히 머무는 것이 가능할 뿐 아니라, 이를 우리가 실제로 알거나 모르는 정황과도 무관하게 정말 낙원에서 영원히 사는 것이 가능해진다.

― 카프카

교회와 시나고그 사이에는 일종의 은밀하고 수상한 연대 의식이 존재한다. 왜냐하면 둘 다 왕국의 연착을 관리하며 이 연착에 힘입어 존재하기 때문이다. 교회나 시나고그의 입장에서 왕국은 뒤늦게 도착해야 할 기차와도 같다. 하지만 실제 상황은 정반대다. 왕국의 연착은―즉 역사는―오히려 사제들과 랍비들이 우리를 어떻게든 하차하지 못하게 막으려는 기차에 가깝다. 사실은 우리가 이미 도착했다는 것을 알아차리지 못하게 막아야 하기 때문이다.

― 아감벤

세월이 흘러도 손을 떠나지 않는 책들이 있다. 아감벤의 『호모 사케르』가 출간된 지 벌써 30년이 흘렀고 총 9권으로 구성된 『호모 사케르 전집Homo Sacer Edizione Integrale』이 완성된 지도 10년이 지났지만 이 책들은 덮어도 덮이지 않고 책꽂이에 꽂아 두어도 어느 샌가 책상 위에 다시 올라와 있다. 그의 다른 저서들도 마찬가지다. 왜냐하면 그의 모든 저서들이 사실은 호모 사케르 프로젝트를 포함한 보다 방대한 기획의 일환으로 쓰였다고 보아도 무방하기 때문이다.

아감벤의 책들을 계속해서 읽게 되는, 읽을 수밖에 없는, 읽어야만 하는 이유는 단순히 언제 읽어도 매번 새롭게 다가온다거나 어떤 체계적인 이해를 위해 지속적인 독서가 필요하기 때문은 아니다. 여기에는 좀 더 특별한 이유가 있다. 그의 모든 저작들은 본질적으로 미완성이다. 물론 이 '미완성'은 그가 원래 계획했던 목표에 도달하지 못했다는 뜻이 아니라 오히려 그가 원래 목표했던 바가 '미완성'이라는 의미로 이해해야 한다. 이는 무엇보다도 그의 모든 책들이 명백하게 상이한 주제들을 다루는 곳에서조차 서로 긴밀하게 연결되어 있어서 어떤 글이든 항상 그의 또 다른 책이나 저술 전체에 대한 일종의 '보완'이자 그런 의미에서 '미완'일 수밖에 없는 주석에 가깝기 때문이고, 아울러 그가 시도하는 철학적 고고학이 과거와 역사적 인간의 정신세계를 수정하고 보완하는 데 집중되는 만큼 체계의 완성보다는 오해의 이해 과정이 더 중요하고 완성과는 거리가 먼 성찰이 더 중요한 역할을 하기 때문이다. 바로 그런 이유에서, 그가 사용하는 방법론의 핵심은 본질적으로 "과거의 역사적 맥락에서 관심이 있는 것을 강제로 도려낸 뒤 그것을 부활시켜 현재에서 생동하도록 만드는"[1] 데 있다. 그래서 저자가 오로지 과거를 위해서만 철학을 계획했다는 것이 사실이고, 그의 철학이 과거에서 유래하는 고정관념, 사고방식, 패러다임 등의 부조리를 끝없이 수술하는 데 집중된다면 그 이유는, 그가 이러한 문제적 관념과 패러다임들이 우리가 살아가며 생각하는 방식과 깊은 연관성을 지녔을 뿐 아니라 이를 바로 잡는 일이 단순히 철학가의 몫으로 제한되는 것은 아니며 모두의 동의와 참여와 실천이 요구된다고 보기 때문이다. 그의 책들이 우리의 손을 떠나지 않는 또 다른 이유가 바로 여기에 있다. 저자가 줄곧 단 한 권의 미완성 저서를 집필해왔다고 말할 수 있다면, 그의 책을 완성해야 할 과제는 사실 저자가 아닌 독자에게 주어진다. 아감벤이 제시하는 개념들, 장치들, 근원적 패러다임들은 우리의 정신세계와 정치구도를 부조리한 형태로 지배하는 다양하고 이질적인 영역에서 이질성 자체를 무너트리기 위해 조합되어야만 하는 의미들의 발굴에 기여한다. 그렇다면 독자의 과제는 저자가 미완의 형태로 마련해 놓은 공간에서―철학

1 *Autoritratto nello studio*, [공부방에 있는 나의 모습], Nottetempo, p.103

적 고고학의 발굴 현장인 만큼 미완일 수밖에 없는 곳에서-이 의미들을 조합하는 데 있다. 이 공간에서 아감벤의 사유는 "단순히 시간이 흐르면서 일어난 변화뿐만 아니라 인간이 스스로 구축해온 지식의 취약한 기반을 재구성할 수 있었음에도 놓친 기회들의 증언이자 흔적처럼 부각된다."[2] 아감벤은 자신이 "발견한 모든 것을 발견 장소에 발견한 상태 그대로"[3] 놓아둔다. 왜냐하면 이 공간이 곧 우리가 마땅히 누려야 할 인간다운 삶의 공간이고 여기서 부각되는 의미들을 조합하는 것이 전적으로 우리의 몫이기 때문이다. 그가 활용하는 핵심 용어들 하나하나가 서로에 대한 해설이자 각주이고 참조사항이자 파생적 정의인 것도 바로 이 때문이다. 한 저서만 또 다른 저서 혹은 저작 전체의 해설이 아니라 그가 시적인 형태로 힘을 발휘하도록 배치하는 개념들, 논제들, 정식들 하나하나가 또 다른 개념들에 대한 비유적 코멘트이자 이미 결론지은 내용에 대한 또 다른 차원의 보완이다. 『왕국과 정원』의 경우도 예외는 아니다.

이 책과 다른 저서들 간의 연결고리를 추적하기 전에 책의 내용을 먼저 간략하게 살펴보자. 저자는 우리가 흔

2 『내가 보고 듣고 깨달은 것들』, 크리티카, p.139
3 같은 곳.

히 '에덴동산'이나 '낙원'이라는 이름으로 부르는 장소의 원래 의미가 '정원'이라는 사실에서 출발한다. 저자가 추적하는 계보학적 경로에 따르면, '정원'은 '신의 정원'으로 정립되고 미화되는 과정에서 원래 가지고 있던 '지상낙원'의 의미를 잃고 '천상의 낙원'으로 변한다. 이 변화는 아우구스티누스가 개발한 원죄의 교리에서 시작된다. 아이러니하게도 신이 미화되는 가운데 인간의 퇴화가 시작된 셈이다. 아우구스티누스가 등장하기 전에 활동했던 초기 그리스도교 교부들의 입장에서는 인간이 낙원 밖으로 쫓겨났다고 해서 인간의 본성이 부패한 것도, 정원이 저주받은 것도 아니었던 반면, 아우구스티누스가 원죄 교리를 제시한 이후에는 단순히 인간만 죄를 짓기 전의 무고한 인간과 죄를 지어 본성이 부패한 인간으로 양분되는 것이 아니라, 정원도 "영원히 잃어버린 '지상의 낙원'과 머나먼 미래에나 들어갈 '천상의 낙원'으로"(p.30) 양분된다. 원죄가 원칙인 만큼 낙원보다 낙원에서 추방당한 사건이 더 중시되는 상황은 결국 인간의 본성을 결정지은 요소도 최초의 인간이 살던 낙원이 아니라 낙원에서 쫓겨난 사건이라는 부정적인 견해의 체계화로 이어진다. 낙원은 이제 본성적으로 부패한 인간이 그의 불완전한 삶을 완전히 소진한 후에야 도달하게 될 천상의 공간으로 변한다. 결과적으로 '왕국'의 개념도 근본적인 변화를 겪는다. 저자의 표현대로 원래 '손이 닿는 곳에' 있던 신의 왕국은 서서히 '가까이 온', '다가올 날이 멀지 않은', 끝내는 '하염없이 기다려야 할' 나라로 변한다. '손이 닿는 곳에' 있던 나라가 '손이 닿지 않은 곳에' 있는 나라로 변한 셈이다. 이처럼 먼 미래로 밀려난 신의 왕국을 대변하기 위해 존재하는 것이 바로 교회다. 물론 저자처럼 패러다임의 계보학적 차원에서 관찰하면 이는 대변이 아니라 대체에 가깝다. "그리스도는 왕국의 도래를 선포했는데 정작 등장한 것은 교회다"(p.202)라는 한 신학자의 말이 가리키는 것도 바로 이러한 정황이다.

한편으로는 아퀴나스가 정식화한 본성과 은총의 관계도 사실은 왕국의 이러한 접근 불가능성과 이에 상응하는 교회의 제도적 필요성을 보다 확실하고 논리적인 형태로 정립하는 데 소용된다. 아퀴나스의 신학에서 원죄는 원칙이 아니라 기초로 기능하기 때문에 훨씬 더 중요한 역할을 수행한다. 인간의 본성과 신의 은총은 불가분한 관계로 결속되어 있지만 이 관계를 밑바다에서부터 지탱하는 것은 원죄 개념이다. 아우구스티누스의 입장에서는 신이 자연적으로 창조한 인간의 원죄 때문에 필요해진 것이 신의 은총인 반면 아퀴나스의 입장에서는 애초에 신의 은총으로 창조된 인간이 죄를 지어 무산된 것이 신의 은총이다. 결국 인간의 자연적 본성은 "은총이 죄로 인해 무산된 뒤 남는 무언가"에 불과하며 은총의 비-자연적이고 신성한 성격은 "은총이 죄의 결과로 증발하는 순간에만"(p.175) 부각된다. 이러한 논리의 맹점은 내용을 '죄'라는 단어 없이 관찰할 때 확연히 노출된다. 인간의 본성은 신의 은총이 사라진 뒤에야 부각되는 무언가에 불과하고 신의 은총은 인간의 본성이 부각될 때 사라지는—비로소 필요해지는—무언가에 불과하다. 분명한 것은 여기서 원죄 개념이 원인과 결과를 뒤바꾸는 장치에 불과하다는 사실이다. 이러한 구도 속에서는 왕국에 대해 이야기한다는 것 자체가 무의미하다. 왜냐하면 은총이 사라져 전적으로 무능해진 인간만이 왕국의 전제조건으로 제시되고, 왕국을 완성해야 할 은총도 사라져야만 임무를 완성하기 때문이다.

신학이 이러한 논리를 체계화하는 방향으로 나아간 것은 기본적으로 '원죄' 교리를 지나치게 중시했기 때문이지만, '정원'이 패러다임의 차원에서 '지상낙원'으로 남아 있었다면, 그래서 '왕국'이 '정원'과 유사한 형태를 유지할 수 있었다면 상황은 다르게 흘러갔을지도 모른다는 것이 아감벤의 입장이다. 바로 그런 이유에서 그는 '정원'과

'지상 왕국'을 동일한 실체로 파악했던 에리우게나와 단테를 소환한다. 에리우게나는 에덴동산의 사건을 실제로 일어난 일이 아니라 일종의 비유로 이해했다. 그의 파격적인 해석에 따르면, 인간은 낙원에서 살았던 적이 없다. 왜냐하면 "인간은 낙원에서 자연적으로 창조되었을 뿐 낙원에 머문 적이 없고 어떤 시간의 간극도 발생하기 전에 곧장 진리의 길에서 벗어났기"(p.103) 때문이다. "성서 기자가 마치 낙원에서 실제로 일어난 것처럼 서술하는 모든 것은 원죄 후에, 낙원 바깥에서 일어난 것으로"(같은 곳) 이해해야 한다. 그렇다면 일종의 비유에 불과한 '낙원'이 가리키는 것은 무엇인가? 에리우게나의 '낙원'이 상징하는 것은 다름 아닌 인간의 자연적 본성이다. 이러한 해석이 전적으로 무의미하게 만드는 것은 바로 '원죄' 개념이다. 왜냐하면 인간의 타락이 낙원 바깥에서, 따라서 인간의 자연적 본성 바깥에서 일어났다면 인간의 본성은 오염되었을 리가 없기 때문이다. 그렇다면 죄는 어떻게 설명해야하나? 에리우게나에 따르면, 인간은 낙원에, 즉 스스로의 자연적 본성에 들어간 적이 없거나 처음부터 밖으로 나와 있다. 우리가 '죄'라고 부르는 것은 이 '외출'에 불과하다. 이는 곧 인간의 자연적 본성이 '죄'로 인해 부패할 가능성은 전혀 존재하지 않는다는 것을 의미한다. 왜냐하면 아이러니하게도 언제나 스스로의 본성에서 벗어나려는 것이 인간의 기본적인 성향이기 때문이다. 그런 의미에서 에리우게나의 '지상낙원'은—즉 인간의 자연적 본성은—"인간이 언제나 이미 존재하는 곳임에도 결코 들어간 적이 없는 곳이며, 동시에 신이 사는 곳이기도 하다."(p.111) 천상의 낙원도 실제로는 인간이 '아직 들어가지 못한' 지상낙원에 불과하다.

　　신학자들이 '낙원'을 언급할 때마다 '인간의 본성'을 함께 다루었다는 것은 결코 우연이 아니다. 단테도 예외는 아니다. 『신곡』에서 등장인물의 입을 빌려 이야기할 뿐 사실상 아우구스티누스의 신학을 정면으로 반박하며 단테는 이렇게 말한다. "보다시피, 세상이 부패한 것은 나쁜 행위 때문이지 그대들 안에서 부패했다고 하는 자연적 본성 때문이 아니다."(p.138) 그래서 단테는 인간이 죄악의 구렁텅이에서 "자력으로 다시 일어서기에 충분한"(p.140) 존재라고 말한다. 하지만 정반대로 생각하는 아우구스티누스에 따르면 "인간이 자신의 의지만으로도 충분히 죄를 짓지 않을 수 있다고 주장하는 사람은 저주받아 마땅하다."(p.141) 단테가 인간을 긍정적으로 정의하는 이유는 사실 낙원을 지상낙원이자 인간 본성의 이상적인 실체로 간주하기 때문이다. 이는 지상낙원이 인간 본성의 비유라는 점을 단테가 에리우게나보다 훨씬 더 구체적으로 이해했다는 것을 의미한다. 단테의 입장에서 지상낙원은 인간이 추구해야 할 지복의 한 형상이다. 이 지복에 도달하는 일은, 신학자들이 언제나 양분된 형태로만 이해했던 인간 본성의 또 다른 구성 요소 '지성'과 '사랑'의 통합을—'왕국'과 '정원'의 통합을—통해서만 가능하다. 단테가 『신곡』의 서두에서 길을 잃었던 어두운 숲과 나중에 들어가게 될 신성한 숲은 동일한 장소다. 『신곡』의 본질적인 의미는 실제로 이러한 구도 속에서만 이해될 수 있다.

아감벤이 '왕국'과 '정원'의 패러다임을 중심으로 아우구스티누스, 아퀴나스, 에리우게나, 단테의 생각을 추적하고 파헤치며 밝히고자 하는 것은 사실 그리스도교 전통 속에 숨어 있는 본질적인 메시지의 실체다. 그의 입장에서 왕국과 정원은—신의 나라와 인간의 낙원은—결코 마지막 때에 도래하는 세계와 태초에 존재했을 뿐 흔적도 없이 사라진 세계로 구분해서 생각해야 할 두 종류의 현실이 아니다. 이러한 구분법이 실제로는 단일한 시간 경험의 균열에서 비롯된 만큼 왕국과 정원의 개념은 현실 속에서 다시 조합되어야 한다. 왕국과 정원은 동일한, 동시적인 현실이다. 지상적 구원의 정치적 실현을 표상하는 '왕국'과 본성적 인간의 잠재적 행복을 표상하는 '정원'의 관계를 아감벤은 이렇게 표현한다. "인간은 오로지 왕국을 통해서만 정원에 들어갈 수 있는 반면 오로지 정원을 통해서만 왕국을 이해할 수 있다."(p.218)

그렇다면 이제『왕국과 정원』의 핵심 논제들이 아감벤의 다른 저서들에서는 어떤 식으로 설명되고 상이한 맥락에서 어떤 의미와 결을 취하는지, 결과적으로 이 책의 내용과 어떤 식으로 조우하는지 살펴보자. 저자의 모든 글이 그의 또 다른 책에 대한 주석이라는 점은 무엇보다도『왕국과 정원』을 읽을 때 특별히 염두에 두어야 할 사항이다. 왜냐하면 이 책의 내용을 종교와 신학에만 국한된 것으로 이해할 때 오해가 발생하기 때문이다. 실제로 아감벤의 철학은 철학과 신학의 오랜 분리 현상에 대한 일종의 항변에 가깝다. 그의 철학적 고고학도 기본적으로는 정치적 패러다임과 신학적 패러다임의 유사성과 근접성을 토대로 전개된다.『호모 사케르 전집』II-2부『스타시스 Stasis』에서 아감벤은 이렇게 말한다. "리바이어던의 왕국과 신의 왕국은 결코 혼동해서는 안 될 두 종류의 개별적인 정치적 실체다. 그럼에도 이들은 종말론적인 차원에서 서로 연결되어 있다. 후자가 실현되면 전자는 필연적으로 사라져야 한다는 의미에서 결속되어 있는 것이다."[4] 저자가 여기서 말하는 '신의 왕국'과『왕국과 정원』에서 말하는

'신의 왕국'은 서로 다른 차원의 현실이 아니다. 단지 이 문장에서는 정치와 신학이 보다 직접적으로 대조된다는 차이가 있을 뿐이다. 리바이어던의 왕국을 인류가 여전히 벗어나지 못한 통치형태로 이해하면 저자의 의도가 무엇인지는 비교적 분명해진다. 관건은 시간이다. 시간의 '끝' 혹은 '종말'을 어떻게 이해하느냐에 따라 정치적이거나 신학적인 통치 형태의 기반이 결정된다. 리바이어던의 왕국과 전통신학적인 왕국의 공통점은 전자와 후자 모두 현세를 본질적으로는 사라져야 할 세계로 간주한다는 데 있다. 『왕국과 정원』에서 저자가 신학자들의 왕국을 "교회의 역사적 존재에 상응"하는 것으로 보는 이유도 신학자들이 '신의 왕국'을 현세가 사라진 후에야 도래할 나라로 간주하며 이를 교회로, 즉 "역사가 막을 내릴 때까지 지상의 나라와 가까운 곳에서 공존하는 '천국'의 단순한 지상 경로로"(p.209) 대체했다고 보기 때문이다.

하지만 『호모 사케르』와 『왕국과 정원』의 연관성은 무엇보다도 전자의 주요 개념들 가운데 하나인 '추방령'에 주목할 때 확연하게 드러난다. 그리스도교 신학이 '낙원' 대신 "낙원으로부터의 '추방'을 개념적으로 체계화해 인간

4　*Homo Sacer Edizione Integrale* [호모 사케르 전집], Quodlibet, p.194.

조건을 결정지은 사건으로"(p.33) 만들었다는 저자의 견해는 "정치의 근원적 관계는 추방령"[5]이라는 그의 주장과 결코 무관하지 않다. 이 추방령의 의미는 양가적이다. '배제'를 뜻하는 동시에 널리 개방한다는 차원에서 '공지'를 뜻하는 추방령은 "외부와 내부, 배제와 포함의 구분이 불가능한 비-식별역, 예외상태"[6]의 한 형식이다. 얼핏 무관한 듯 보이지만, 사실은 종말을 원칙으로 내세우는―포함하는―동시에 종말의 도래를 끊임없이 뒤로 미루는―배제하는―전통신학적인 왕국의 구도도 분명히 동일한 유형의 예외상태에 속한다.

이러한 예외상태와 모순적인 형태로 중첩되는 것이 바로 저자가 『왕국과 정원』 마지막 장에서 다루는 메시아주의다. 아감벤은 『머무는 시간Il tempo che resta』에서도 메시아주의와 대립되는 '종말의 보류'에 대해 이와 유사한 설명을 제시한 바 있다. "모든 과도기는 애초에 도래하도록 만들어야 할 종말을 도달할 수 없는 형태로 뒤바꾸며 무한히 연장되는 성향을 지닌다."[7] 종말의 보류 내지 시간의 확장은 법과 통치체제의 유지에 소용되는 반면 메시

---

5 같은 책, p.162.
6 같은 곳.
7 *Il tempo che resta* [머무는 시간], Bollati Boringhieri, p.70.

아적 시간은 이 모든 것의 해제에 집중된다. 보류나 기다림과는 거리가 먼 것이 메시아적 시간이다. 아감벤은 이를 아주 다양한 각도에서 관찰한다. 예를 들어 "메시아적 시간은 시간의 종말이 아니라 종말의 시간이다. [...] 시간의 마지막 순간이 아니라, 시간이 집약되어 끝을 향해 출발하는 시간, 달리 말하자면, 시간과 시간의 끝 사이에 머무는 시간이다."[8] 저자가 이처럼 분석적인 설명을 제시하는 이유는 메시아적 시간이 시간의 질적 변화를 의미하기 때문이다. 사람들은 신의 나라가 언제 오는지 묻지만 예수의 답변대로 신의 나라는 "가능한 행동의 범위 안에, 손이 닿는 곳에"(p.211) 있다. 이는 곧 왕국에 관한 질문이 '언제'가 아닌 '어떻게'로 바뀌어야 한다는 것을 의미한다. 아감벤이 메시아적 시간 개념을 '크로노스'가 아닌 '카이로스'로 제시하는 것도 이 때문이다. 물론 시간의 질적 변화란 질적 향상을 의미하지 않는다. 카이로스의 역할은 인간의 질적으로 우월한 존재론적 의미를 제시하는 데 있지 않고 우리의 추상적이고 작위적인 정체성은 우리의 본성과 일치하지 않는다는 점을 일깨우는 데 있다. 『호모 사케르 전집』의 마지막 책 『몸의 활용 L'uso dei corpi』에서 아감벤

8   같은 책, p.63.

은 메시아주의를 이렇게 설명한다. "메시아주의가 표상하는 것은 어떤 새로운, 보다 보편적인 정체성이 아니라 모든 정체성을 가로지르는 틈새에 가깝다. [...] 또 다른 정체성이 아니라 모든 정체성이 지닌 스스로와의-일치-불가능성, 정체성의 정체성 해제를 가리킬 뿐이다."[9] 저자가 「교회와 왕국」을 비롯해 『머무는 시간』과 『호모 사케르 전집』에서 언급하는 바울의 '마치 아닌 듯(hos me)'이라는 표현도 이러한 메시아적 특징의 보다 직접적인 표현에 가깝다. 상이한 맥락에서 쓰인 이하의 문장 역시 이러한 관점에서 이해할 필요가 있다. "인간의 인간되기는 과거의 어느 한 순간에 돌이킬 수 없는 형태로 일어난 사건이 아니라 일어나기를 멈추지 않는 사건, 여전히 진행 중이며 인간이 언제나 인간되기의 행위 속에 있고 그만큼 비인간적으로 머무는(혹은 되어가는) 과정에 가깝다."[10]

하지만 아감벤이 제시하는 메시아주의의 구도는 메시아적 '시간의 질적 변화' 외에도 그가 추적하는 정치와 신학의 구조적 유사성이 부각되는 곳에서 보다 뚜렷하게 드러난다. 『왕국과 정원』의 한 단상에서 저자는 이렇게 말한다. "마르크스가 계급 없는 사회의 개념을 도입함으로

---

[9] *Homo Sacer Edizione Integrale*, p.1275.
[10] 같은 책, p.1123.

써 메시아적 왕국의 개념을 세속화한 것이 사실이라면, 종말론적 시간을 어떻게 사유해야 하는지에 대한 신학자들의 의견을 분분하게 만들던 것과 동일한 모순 및 독설이 여기서[사회체제 논쟁에서] 그대로 재생된다는 점은 그리 놀라운 일이 못 된다. 선사시대와 역사시대 간의 인계 과정, 계급 사회와 소비에트 혁명의 실패 원인이었던 계급 없는 사회 간의 인계 과정이 무한히 지속되는 문제에는 정확하게 왕국의 도래 시기에 대한 전적으로 신학적인 문제가 상응한다."(p.213) 여기서 저자가 제시하는 것은 메시아적 왕국의 개념이 포함되어 있는 정치-신학적 세계사의 문제적인 구도다. 그렇다면 메시아주의는 일종의 문제인가, 아니면 '시간의 질적 변화'처럼 발견하기도 실행하기도 어려운 난해한 해법에 불과한가? 메시아주의는 언제나 두 얼굴을 지닌다. 메시아주의 자체는 비-식별역이 아니지만 비-식별역에 직접 관여하는 만큼 식별이 까다로운 특징들로 양분되는 상황에 처한다. 이 상황을 아감벤은 논문집『사유의 잠재력La potenza del pensiero』에 실린 「메시아와 주권자Il Messia e il sovrano」에서 이렇게 설명한다. "메시아적 사건은 무엇보다도 일종의 '위기'를 가리키며 모든 법적 질서의 근본적인 '변화'를 의미한다."[11] 위기이자 변화이고 고통이자 치유인 것이 메시아적 사건이다. 바로 그런 이유에서, 메시아는 "종교가 법의 문제와 격돌하는 곳, 종교와 법의 마지막 결산이 이루어지는 곳에"[12] 있다. 메시아의 날은 "우리가 살고 있는 예외상태"일 뿐 아니라 "법의 감추어진 토대가 만천하에 드러나고 법 자체가 영속적인 유보상태에 돌입하는"[13] 날이기도 하다. 법의 유보상태란 법이 형식적인 효력만 유지할 뿐 아무것도 의미하지 않는 상태를 말한다. 메시아주의가 새로운 정체성으로 귀결되지 않고 모든 정체성의 해제를 의미하듯, 법의 메시아적 완성도 새로운 법이 아니라 유보를 통한 법 자체의 소진을 의미한다.

'법의 유보상태'는 저자가 『호모 사케르』에서 카프카의 우화 「법 앞에서」를 분석하며 상세하게 다루었던 주제이기도 하다. 이 우화의 대략적인 내용은 다음과 같다. 법의 문 앞에 문지기가 서 있다. 그 안으로 들어가려는 한 시골 사람에게 문지기는 들어갈 때가 아니라고 말한다. 그때가 언제냐고 묻자 문지기는 그저 지금은 안 된다는 말을 되풀이 할 뿐이다. 시골 사람의 오랜 기다림과 애원에도 불구하고 그의 입장은 끝내 허락되지 않는다. 죽음이

11 *La potenza del pensiero* [사유의 잠재력], Neri pozza, p.260.
12 같은 곳.
13 같은 곳.

임박하자 그는 왜 자신 외에 아무도 법의 문 안으로 들어가려 하지 않는지 의아해한다. 그 이유를 묻자 문지기는 이렇게 대답한다. "다른 어느 누구도 이곳에 들어오지 못한다. 이 문은 그대만을 위한 것이니까. 이제 가서 문을 닫겠다."[14] 이 우화의 내용을 아감벤은 이렇게 해석한다. "아무것도—심지어는 문지기의 거부도—시골 사람이 법의 문으로 들어서는 것을 가로막지 않는다. 가로막는 것이 있다면, 그것은 문이 언제나 열려 있는 상태라는 점과 법은 아무것도 명하지 않는다는 사실뿐이다."[15] 이러한 해석은 문을 여는 행위와 문 안으로 들어가는 행위를 동일한 것으로 볼 때 가능해진다. 다시 말해 문 안으로 들어가려면 문을 열어야 하는데 법의 문은 이미 열려 있기 때문에 들어갈 수 없다. 이러한 설정은 법이 아무것도 명하지 않기 때문에 추방령만큼은 실행되는 상황의 비유 혹은 설명에 가깝다. 이 순수한 형태의 추방령은 "더 이상 아무것도 명하지 않는 바로 그 지점에서 가장 강력한 힘을"[16] 발휘한다. 법의 효력이 유보상태에서만 발휘되기 때문에 시골 사람은 법 바깥에서 방기되는 동시에 추방령 안으로 포함된다.

---

14 *Homo Sacer Edizione Integrale*, p.61.
15 같은 책, p.57.
16 같은 곳.

바로 이러한 정황에서 발휘되는 것이 법의 ‘의미 없는 효력’이다. 하지만 이것이 전부는 아니다. 아감벤이 제시하는 해석의 핵심은 그가 카프카의 주인공을 다름 아닌 메시아적 전략의 주체로 간주한다는 데 있다. “시골 사람의 메시아적 과제는 바로 가상의 예외 상태를 활성화하고 문지기가 어쩔 수 없이 법의 문을 닫게 만드는 데 있다. 이는 메시아가 문이 닫힌 후에야, 즉 법의 ‘의미 없는 효력’이 정지된 후에야 올 수 있기 때문이다.”[17] 이하에 인용하는 카프카의 아포리즘도 바로 이러한 관점에서 이해해야 한다. “메시아는 그가 더 이상 필요치 않은 순간에만 올 것이다. 메시아는 도착일 다음 날에야 비로소 도착하며, 마지막 날이 아니라 최후의 날에 온다.”[18]

지금까지 살펴본 것이 메시아적 예외상태에 대한 구조적인 이해에 소용되는 내용이었다면, 저자의 메시아주의는 또 다른 차원에서 일종의 주관적 선입견이나 고정관념의 틀을 허무는 데에도 소용되며 이러한 전략이 메시아적 길의 일부로 제시된다는 점에 주목할 필요가 있다. 이러한 방향의 고찰에서도 중요한 역할을 하는 것은 카프카의 메시아주의다. 카프카에 대한 저자의 관심은 『호모 사

17 같은 책, p.62.
18 같은 곳.

케르』,『벌거벗음Nudità』,『카르만Karman』 등의 저서에서 확인할 수 있지만 사실은 아주 오래전으로, 정확하게는 1970년에 펴낸 그의 첫 번째 저서『내용 없는 인간L'uomo senza contenuto』으로 거슬러 올라간다. 먼저 저자가 인용하는 카프카의 두 아포리즘을 읽어보자. "종착 지점은 있지만 길은 존재하지 않는다. 우리가 길이라고 부르는 것은 사실 우리의 망설임에 지나지 않는다." "우리의 시간 관념만이 '만류의 심판Giudizio Universale'을 '최후의 심판 Giudizio Ultimo'으로 부르게 만든다. 실제로 관건은 일종의 계엄령에 불과하다."[19] 이 아포리즘들을 아감벤은 이렇게 해석한다. "인간은 이미 언제나 심판의 날을 살아간다. 심판의 날은 인간의 지극히 정상적인 역사적 조건인데도 이를 대하는 인간의 두려움이 심판의 날을 여전히 다가와야 할 날로 착각하게 만든다. [...] 목표에 접근하는 것이 불가능한 것은 그것이 너무 먼 미래에 있기 때문이 아니라 바로 여기에, 우리 앞에 놓여 있기 때문이다. 이 접근 불가능한 목표의 실재가 바로 인간의 역사성을 구축한다. 존재하지 않는 경로에 의존하는 인간사의 영원한 연착 상황이나 스스로의 역사적 상황을 체화하지 못하는 인간의 무능력

19 『내용 없는 인간』, 자음과 모음, p.235.

도 바로 이 접근 불가능한 목표에서 기인한다."[20]

　　사실상 이와 동일한 이유에서 아감벤은–거의 50년 후에 출간된 『왕국과 정원』에서도–신의 나라는 "지금 이곳에 실재할 뿐 아니라 동시에, 언제나 다가오고 있는 중이며 언제나 도래"(p.215)한다고 말한다. 불가능한 목표는 가능한 목표와 다르지 않고, 불가능한 경로에–예외상태에 –놓여 있는 '왕국'도 사실은 가능하기 때문에 가까이 머물며 가까이 다가오기를 멈추지 않는다. 저자가 이처럼 언제나 양면적인 비-식별역의 설명에 집중하는 이유는 사실 식별이 요구되기 때문이다. 무엇을 왜 식별해야 하는지도 아감벤은 분명하게 밝힌다. "벌거벗음과 옷, 인간적 본성과 신성한 은총의 신학적 대립 관계를 고고학적으로 추적해 거슬러 올라갈 필요가 있다. 하지만 이는 이 개념들이 분열되기 전의 시원적 상태를 포착하기 위해서가 아니라 분열을 조장한 장치가 무엇인지 파악하고 이를 무력화하기 위해서다."[21] 『벌거벗음』에 나오는 이 문장은 『왕국과 정원』에서 상세하게 논의되는 '본성'과 '은총'의 대립 관계가 직접 언급되는 만큼 '왕국'의 담론에도 그대로 적용된다. 하지만 바로 이 시점에서 주목해야 할 것은, 장치

20 같은 곳.
21 *Nudità* [벌거벗음], Nottetempo, p.98.

의 무력화를 위해 예외상태와 비-식별역을 해제하려는 전략 자체가 아이러니하게도 분열된 것을 조합하고 틈새를 메우는 방향으로 전개된다는 사실이다. 멀어진 것은 가까이에 있고, 양분된 것은 하나라는 점이 강조되는 이유도 여기에 있다. 예를 들어『왕국과 정원』에서도 '정원'은 인간의 '본성'에 가깝고, '정원'과 '왕국'은 동질적이며 동시적인 실체로 해석된다. '왕국'의 실체도 궁극적으로는 거의 '인간'에 가깝다. 그렇다면 이제 식별이 어려울 정도로 가까이에 있는 '말parola'과 '인간', 즉 '말'과 '왕국'의 관계를 아감벤이 어떻게 설명하는지 살펴보자.『집이 불탈 때 Quando la casa brucia』의 몇몇 단상에서 아감벤은 왕국을- 지금까지의 설명과는 사뭇 다른, 좀 더 직접적이고 문학적인 어조로-이렇게 설명한다. "왕국은-신의 나라는-어떤 도달해야 할 목표가 아니다. 어떤 지상 혹은 천상의 경영이 달성해야 할 목적이 아니며, 좀 더 바른 제도나 덜 압제적인 국가를 꿈꾸거나 실현하는 일도, '정의'가 지상을 다스리는 날이 오기 전에 장기간 지속될 잔인한 과도기도 아니다. 왕국은 이미 여기에 일상적이고 초라한 모습으로 존재한다. 하지만 권력과는 화합하지 못한다. 권력은 왕국을 감추고 왜곡한다. 사람들이 왕국의 현실을 인식하고 사랑하지 못하도록 막거나 왕국을 미래에나 도래할 사건으로 변질시키는 것이 권력이다. 왕국의 말은 새로운 제도나 법을 만들지 않는다. 왕국의 말은 왕국을 대변하거나 대신한다고 자처하는 모든 권력과 제도, 정당이나 종파의 힘을 무력화하는 잠재적인 해제의 힘이다."[22] "사람들이 예언자의 말을 경청하지 않는 이유는 무엇인가? 이는 그가 동족의 허물과 시대의 어두움을 폭로하기 때문이 아니라, 오히려 그가 왕국의 실재, 즉 왕국은 인간의 모든 행위, 삶의 모든 과정에 은밀히 간섭하며 '지금 이곳'으로 매순간 다가오고 집요하게 도래한다는 것을 선포하기 때문이다. 그의 동시대인들이 볼 수 없고 보기를 원하지도 않는 것은 이들의 일상적인 삶과 왕국의 내밀한 결속 관계다. 자신들이 '마치 삶은 왕국이 아니라는 듯' 살아간다는 점을 깨닫지 못하는 것이다."[23] "왕국을 선포하는 말의 난해함과 이 말을 이해하지 못하는 자에게 발생하는 오해의 피해는 이를 선포하는 자에게 되돌아와 그를 동족으로부터, 그의 삶 자체로부터 멀어지게 만든다. 선포는 그렇게 한탄과 저주로, 비판과 비난으로 변하고 왕국은 위협적인 신호 혹은 잃어버린 낙원으로 변한다. 어떻게든 더 이상 내밀하지

---

22 *Quando la casa brucia* [집이 불탈 때], Giometti & Antonello, 2020, p.47.
23 같은 책, p.41.

도 실재적이지도 않은 무언가로 변하는 것이다. 그래서 그의 말은 더 이상 선포할 줄 모르는 예견이나 후회로 그친다."[24] "왕국은 어떤 식으로 도래하나? 여기에 있나? 어떤 사물처럼, 혹은 어떤 무리, 어떤 교회, 어떤 정당처럼 오는 것은 아니다. 왕국은 언제나 '왕국'의 선포와 일치하며 이를 언급하는 말―비유―외에는 또 다른 현실을 지니지 않는다. 왕국은 때로는 겨자씨, 때로는 풀잎, 때로는 바다에 던지는 그물, 때로는 진주지만, 이 말들이 의미하는 무언가가 아니라 이 말들이 하는 선포에 가깝다. 오는 나라, 즉 왕국은 이를 선포하는 말 자체다."[25] "왕국의 말에 귀를 기울인다는 것은 언제나 도래하는 상태여서 읽을 수 없는 말, 머릿속에서 언제나 홀로 앞서 머물지만 어디에서 왔는지도 어디로 가는지도 알 수 없는 말의 생성 과정을 경험하는 것과 같다."[26] 그렇다면 저자가 『불과 글』에서 제시했던 다소 알쏭달쏭한 설명도 조금은 분명하게 다가온다. "'신의 왕국은 겨자씨에 [...] 사람에 비유할 수 있다.' '신의 왕국은 땅에 씨앗을 뿌리는 사람과 마찬가지다.' 예수의 이러한 비유는 지상의 '지금 이곳에' 있는 무언가와 신의

24 같은 책, p.46.
25 같은 책, p.42.
26 같은 책, p.43.

왕국 간에 유사성이 존재한다는 사실을 정립한다. [...] 이 비유들이 신의 왕국을 일종의 비유로 표현하는 이유는 무엇보다도 '왕국'이 이러한 유사성의 '실상'과 '인식'을 의미하기 때문이다."[27]

지금까지 살펴본 내용은 아감벤의 저서들 사이에 존재하는 유기적인 연결 고리의 파편적인 소묘에 불과하다. 아감벤의 철학 체계는 그만큼 상당히 복합적이고 바로 그런 이유에서 난해하다. 하지만 그의 책을 읽을 때 마주하게 되는 어려움이 유일하게 이러한 복합적이고 유기적인 성격 때문에 발생하는 것은 아니다. 나는 그의 철학이 본질적으로 독자의 동의와 정신적인 차원의 참여를 요구한다고 믿는다. 왜냐하면 그의 철학에서 관건은 언제나, 보다 완벽하고 정제된 깨달음이 아니라 미처 깨닫지 못했던 것에 대한 성찰이기 때문이다. 인류가 알면서도 깨닫지는 못했기 때문에 반복해온 오류와 지적 위선의 실체를 파악하는 일은 단순히 문제만 풀면 마쳤다고 볼 수 있는 성격의 숙제가 아니다. 알아도 해결되지 않는 문제들이 북적거리며 모여드는 곳에서 사유하고 말하는 철학자가 아감벤이다. 이러한 비-식별역에서 말하기 때문에 그의 말은 이

27 『불과 글』, 책세상, p.40~41.

해의 차원을 어떤 식으로든 뛰어넘어 체득해야 할 동의의
자세를 요구한다. 이는 그가 독자의 입장에서 생각 자체를
바꾸지 않으면 무언가를 이해했다고 말하기도 어려운 경
지의 글을 쓰기 때문이다. 달리 말하자면, 그의 글이 언제
나 까다로운 과제로 다가오는 이유는 그의 철학이 지나치
게 고차원적이어서가 아니라 오히려 인류가 그토록 오랜
세월 동안 눈이 있어도 보지 못하고 귀가 있어도 듣지 못
한 문제들의 실체를 다루기 때문이다. 이러한 유형의 철학
은 머리가 아니라 온 몸으로 접근해야만 이해할 수 있다.
『왕국과 정원』도 예외는 아니다. 예를 들어 단테가 '지성'
과 '사랑'의 본질적인 일치를 추구했다고 보는 아감벤의
해석은 객관적인 이해가 특별히 무용해지는 경우에 속한
다. 게다가 아감벤은 이와 동일한 맥락에서 '왕국'과 '정원'
의 일치를 꾀한다. 그래서 그는 이런 결론을 내린다. "인간
은 오로지 왕국을 통해서만 정원에 들어갈 수 있는 반면
오로지 정원을 통해서만 왕국을 이해할 수 있다."(p.218)
그렇다면 이는—왕국이 지성과, 정원이 사랑과 같은 결을
지닌 만큼—지성을 통해서만 사랑이 가능하고 사랑 없이
는 지적 이해도 불가능하다는 것을 의미한다. 이러한 견
해의 요점을 파악하는 데 객관적이거나 지적인 판단은 큰
도움이 되지 않는다. 왜냐하면 관건은 단순히 아는 것만으

로 충분한 사랑이나 이유를 모르는 사랑은 무의미하다거나 사랑에 대한 그 자체로 완전한 앎이나 사랑 외에 아무것도 모르는 앎은 무의미하다는 논리가 아니기 때문이다. 단테와 아감벤이 말하려는 것은 지성과 사랑, 왕국과 정원이 단순한 상관관계에 머물지 않고 관계에 대해 말한다는 것 자체가 무의미할 정도로 가까이 연접해 있을 뿐 아니라 너무 동시적이어서 동질적이며 그만큼 동일한 실체에 가깝다는 것이다. 관건은 지성과 사랑의 불가분한 관계가 아니라 지성과 사랑은 하나라는 관점이다. 사실은 철학 자체가 이러한 구도를 지녔다는 점도 중요하다. '철학'의 어원적 의미 '지혜 사랑'의 차원을 뛰어넘어, 단테와 아감벤의 입장에서는, '사랑' 자체가 "철학의 한 형식"(p.121)이다. 그렇다면 이러한 특징을 강조하는 아감벤의 철학이 동의를―철학적 형식으로서의 사랑을―요구한다는 것은 어떻게 보면 당연한 결과이기도 하다. 동의도 사랑의 한 형식이고, 사랑도 동의의 한 형식이다. 그런 의미에서 아감벤을 철학의 ―'지혜 사랑'의―진정한 완성자로 간주할 수 있다면 이는 그가, 동의하지 않고서는 이해할 수 없고 이해했다면 동의하지 않을 수 없는 담론의 창시자이기 때문이다.

윤병언

왕국과 정원

조르조 아감벤 지음
윤병언 옮김

초판 1쇄 발행. 2025년 12월 18일

펴낸곳. 크리티카
편집. 조수연
디자인. 박수진
팩스. 0504 478 0761
이메일. criticapublisher@naver.com
블로그. blog.naver.com/criticapublisher
페이스북. 인스타그램. /criticapublisher/

정가 24,000원
ISBN 979-11-980737-5-4 93130